# il
# **cane**
# manuale d'istruzioni

[fronte]
[lato sinistro]
[lato destro]
[retro]

il

# cane

## manuale d'istruzioni

GUIDA PRATICA PER L'UTENTE,
RISOLUZIONE DEI PROBLEMI E CONSIGLI UTILI
PER LA CORRETTA INSTALLAZIONE E MANUTENZIONE

**David Brunner e Sam Stall**

Illustrazioni di Paul Kepple e Jude Buffum

Traduzione di Daria Restani

il **cane**
manuale d'istruzioni

*Titolo originale:* The dog owner's manual

First published in English by Quirk Books,
Philadelphia, Pennsylvania (USA)

Socio Unico Giangiacomo Feltrinelli Editore srl
Via Andegari 6 - 20121 Milano
info@gribaudo.it - www.feltrinellieditore.it/gribaudo/

*Testi:* David Brunner, Sam Stall
*Illustrazioni:* © 2004 Headcase Design
*Traduzione:* Daria Restani
*Impaginazione:* Ax Studio (VR)

FSC
www.fsc.org
MISTO
Carta
da fonti gestite in
maniera responsabile
FSC® C044117

*Stampa e confezione:* Arti Grafiche Dial Mondovì (CN),
azienda certificata FSC®-COC con codice ICILA-COC-000335

Prima edizione: 2017 [6(C)] 978-88-580-1789-0

# Sommario

# Complimenti,
## ecco il vostro cane!

**ATTENZIONE!**

Per favore, prima di cominciare a leggere questo manuale, esaminate accuratamente il vostro modello. Se qualcuna delle componenti standard mostrate alle pagine 16-17 risultasse mancante o non funzionante, rivolgetevi immediatamente al vostro centro assistenza.

Sia che abbiate appena acquistato un nuovo cane sia che stiate valutando l'idea di farlo, congratulazioni. La leggendaria utilità di questo prodotto ha ottenuto un successo senza precedenti presso gli umani di ogni cultura, epoca e nazionalità. Con la cura e la manutenzione corrette, un'unità canina è in grado di svolgere praticamente ogni compito che le viene assegnato.

Il cane è incredibilmente simile ad altre apparecchiature high-tech di cui forse già disponete. Come le automobili, questo genere di prodotto è disponibile in una vastissima gamma di modelli. Come i personal computer, può essere configurato in modo da assolvere diverse funzioni. Come i sistemi di allarme, può garantire protezione e sicurezza a voi e alla vostra casa.

Tuttavia, a differenza dei suddetti beni di consumo ad alta tecnologia, i cani non sono accompagnati da un manuale di istruzioni. E non è certo una mancanza da poco, dato che la complessità della loro programmazione supera di gran lunga quella dei processori più veloci e le loro funzioni meccaniche sono più raffinate di quelle delle automobili più costose. Se gestito correttamente, questo sistema semiautonomo può sviluppare numerosi comportamenti desiderabili, addirittura garantire amore e compagnia. Ma, se viene utilizzato in modo improprio, può manifestare tratti sconvenienti e/o pericolosi per voi, la vostra famiglia e i vostri beni.

Ecco il perché di questo libro. *Il cane, manuale d'istruzioni* è un'approfondita guida per l'utente che vi spiega come beneficiare al massimo della vostra unità canina. Non è necessario leggerlo da cima a fondo. Per facilitarne la consultazione, è stato suddiviso in 11 sezioni. Se avete una domanda o un problema specifico, andate a uno dei seguenti capitoli:

**MARCHE E MODELLI** (pp. 20-49) offre una breve carrellata sulla vastissima gamma di modelli disponibili, un rapido sguardo alle principali differenze di hardware e software e una guida per scegliere il modello più adatto a voi.

**INSTALLAZIONE** (pp. 50-67) spiega come far entrare un cane in casa vostra senza correre rischi e qual è il modo migliore per fargli conoscere i suoi nuovi compagni umani e/o animali.

**INTERAZIONE QUOTIDIANA** (pp. 68-85) tratta questioni di base come il saper decifrare il linguaggio del corpo del cane e le sue preferenze in materia di gioco.

**PROGRAMMAZIONE DI BASE** (pp. 86-101) è una panoramica sul software preinstallato (comportamenti istintivi) e quello supplementare personalizzato dall'utente (addestramento).

**RIFORNIMENTO** (pp. 102-115) tratta le esigenze nutritive del cane, compreso quando, che cosa e quanto dargli da mangiare.

**MANUTENZIONE ESTERNA** (pp. 116-133) spiega dettagliatamente come prendersi cura delle componenti esterne del vostro modello, per esempio come tenergli pulito il pelo, fargli il bagno e tagliargli le unghie.

**CRESCITA E SVILUPPO** (pp. 134-143) tratta le fasi cruciali della crescita, la sterilizzazione e il calcolo dell'età fisiologica del cane.

**MANUTENZIONE INTERNA** (pp. 144-159) spiega come monitorare i sistemi meccanici del cane per individuare eventuali problemi e come scegliere un centro assistenza autorizzato. Dagli interventi di routine ai veri e propri "tagliandi".

**GUASTI ED EMERGENZE** (pp. 160-187) elenca i principali disturbi medici e suggerisce possibili trattamenti alternativi.

**FUNZIONI AVANZATE** (pp. 188-205) analizza opzioni supplementari nella programmazione di un cane e offre una breve panoramica su modifiche dell'hardware e riproduzione.

**RISOLUZIONE DEI PROBLEMI** (pp. 206-215) risponde alle domande più frequenti riguardo a possibili anomalie nel software, dall'aggressività ingiustificata all'abbaio eccessivo.

Se gestito in modo corretto, un cane può garantire infinite ore di intrattenimento, compagnia e servizio. Ricordate, però, che imparare a padroneggiare un sistema così complesso richiede energia e impegno.

Quando vi trovate a gestire battute d'arresto nell'addestramento, scarichi non autorizzati e virus nel sistema, ricordatevi che il risultato finale – un tesoro di cane – vi ripagherà di ogni sforzo.

Congratulazioni e benvenuti nel modo del cane!

# Il cane: schema generale ed elenco delle componenti

**Sebbene gli attributi fisici canini varino notevolmente da una razza all'altra, tutti i modelli sono dotati di un kit standard di componenti e funzioni preinstallate. Se il vostro risultasse mancante di una o più delle parti e dei sistemi elencati qui di seguito, rivolgetevi immediatamente a un centro assistenza autorizzato.**

## La testa

**Occhi** La maggior parte delle razze è dotata di occhi marroni o neri, tuttavia alcune varietà presentano occhi blu, verdi, gialli o addirittura una combinazione di più colori. Ciascun occhio ha in dotazione tre palpebre: superiore, inferiore, e una "terza" palpebra (nascosta sotto quella superiore) che funge da "tergicristalli" per rimuovere polvere e sporco dalla superficie dell'occhio.

**Orecchie** Si presentano in varie fogge, per esempio a bottone, cascanti e dritte. Quello con le "orecchie erette" (osservabile nel Pastore Tedesco e nell'Husky) è il modello standard che, in passato, era utilizzato da tutti i cani.

**Naso** Come le orecchie, anche il naso può avere varie forme e lunghezze. La pigmentazione va dal nero al color fegato (spesso il naso assume una tonalità più pallida durante l'inverno). In generale, a una maggiore lunghezza del naso corrisponde un odorato più fine. Il fatto che sia umido aumenta la sua efficacia nell'analisi olfattiva poiché dissolve più in fretta le molecole odorose. Contrariamente a quanto comunemente si creda, un naso asciutto non è per forza sintomo di malattia.

**Lingua** Per quanto venga spesso usata per verificare il grado di edibilità di un cibo, la lingua canina serve anche a disperdere il calore in eccesso. Il costante movimento dell'aria sulla sua superficie (quando il cane ansima con la lingua fuori) combinato all'evaporazione della saliva contribuisce a regolare la temperatura corporea.

**Denti** I cani hanno in dotazione 42 denti, tra cui sei paia di incisivi posti in posizione centrale e affiancati da 4 grossi canini. Gli altri sono molari e premolari. Questo tipo di dentatura permette loro (a differenza di altri predatori) di integrare l'alimentazione con cibo vegetale, se le circostanze lo richiedono.

## Il corpo

**Mantello** Tutti i cani, anche le cosiddette varietà "senza pelo", sono ricoperti da uno strato di pelliccia. Il colore e/o la combinazione di colori del mantello possono variare moltissimo anche tra individui appartenenti alla medesima razza. Specifiche terminazioni nervose fanno sì che il pelo possa rizzarsi. Un'eccessiva perdita di peli, o un mantello opaco e secco, possono essere sintomo di problemi di salute (si veda "Manutenzione esterna", pp. 116-133).

**Porta di scarico** I prodotti del sistema di scarico del cane assolvono anche la funzione di mezzi di identificazione. Su entrambi i lati dell'ano ci sono due piccole sacche interne che, dopo ogni evacuazione, secernono una sostanza dall'odore forte e pungente che funge da "biglietto da visita" olfattivo per gli altri cani. Quando nella fase delle presentazioni si annusano il posteriore a vicenda, di fatto, stanno investigando le rispettive ghiandole anali.

**Genitali** I maschi raggiungono la maturità sessuale intorno agli 8 mesi. Le femmine tra i 9 e i 15 mesi.

**Zampe** Il senso del tatto canino si localizza soprattutto nella parte terminale della zampa (piede). I cani sudano anche attraverso i polpastrelli.

**Coda** Usata soprattutto come indicatore dell'umore e delle emozioni. Nei cani, il numero di vertebre presente nella coda (e di conseguenza la sua lunghezza) varia da individuo a individuo.

**Capezzoli** Sia il modello maschile sia quello femminile hanno in dotazione questi punti d'innesto per periferiche, tuttavia il circuito del maschio rende inoperative queste valvole.

**Peso** Il peso varia notevolmente da un modello all'altro, in un range che va da un massimo di 91 kg a un minimo di 1-1,5 kg. In generale, i maschi pesano circa il 10 per cento in più delle femmine della stessa razza.

**Altezza** Come per il peso, le dimensioni canine sono molto differenti tra una razza e l'altra. Mentre l'Irish Wolfhound misura intorno agli 80 cm alla spalla, il Chihuahua può essere alto anche solamente 13 cm.

## Specifiche dei sensori

**Tutti i cani possiedono un pacchetto di sensori ambientali molto sviluppati. I dati che sono in grado di raccogliere grazie a questi strumenti consentono loro di avere una "consapevolezza" dell'ambiente circostante di gran lunga superiore a quella degli umani.**

**Sensori ottici** La capacità visiva dei cani è un retaggio diretto del lupo ed è eccellente nel localizzare oggetti in movimento a grande distanza, anche in condizioni di scarsa illuminazione. I cani, però, sono in grado di distinguere uno spettro di colori molto più limitato rispetto agli umani e non riescono ad avere una visione nitida dei dettagli. A distanza ravvicinata devono affidarsi per lo più all'olfatto, in cui sono praticamente imbattibili.

**Sensori olfattivi** Mentre il naso degli essere umani contiene dai 5 ai 20 milioni di cellule nervose predisposte a scannerizzare i segnali odorosi, in quello dei cani ne esistono 200 milioni o più. Il Bloodhound, uno dei più abili cani da pista, ne possiede 300 milioni. Per gestire questa immensa mole di dati il processore olfattivo presente nel cervello dei cani è 40 volte più grande di quello umano. Tale facoltà fa sì che i cani da soccorso riescano a localizzare gli umani sepolti sotto una valanga e che i segugi sappiano seguire tracce odorose risalenti anche a 3 giorni prima.

**Sensori acustici** Le orecchie dei cani possono muoversi in modo indipendente l'una dall'altra e ciò permette loro di individuare con esattezza, in una

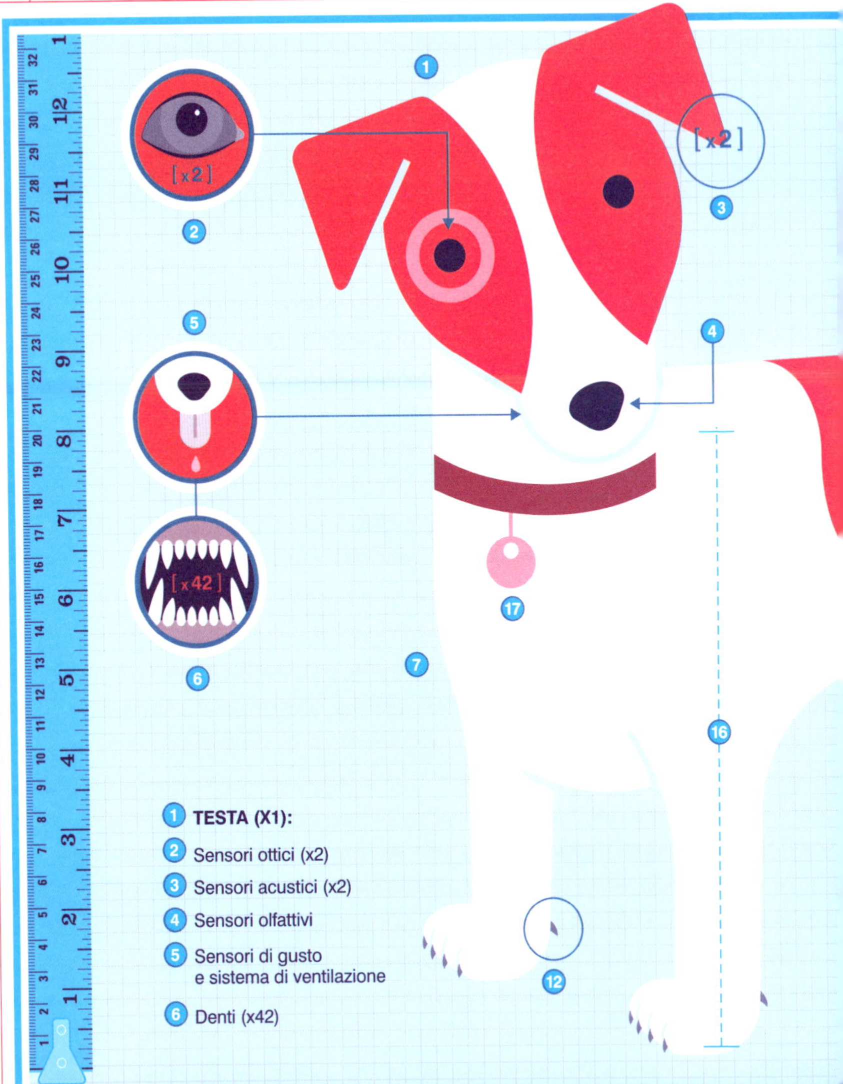


1. **TESTA (X1):**
2. Sensori ottici (x2)
3. Sensori acustici (x2)
4. Sensori olfattivi
5. Sensori di gusto e sistema di ventilazione
6. Denti (x42)

## ELENCO DELLE COMPONENTI STANDARD **Verificate il vostro modello.**

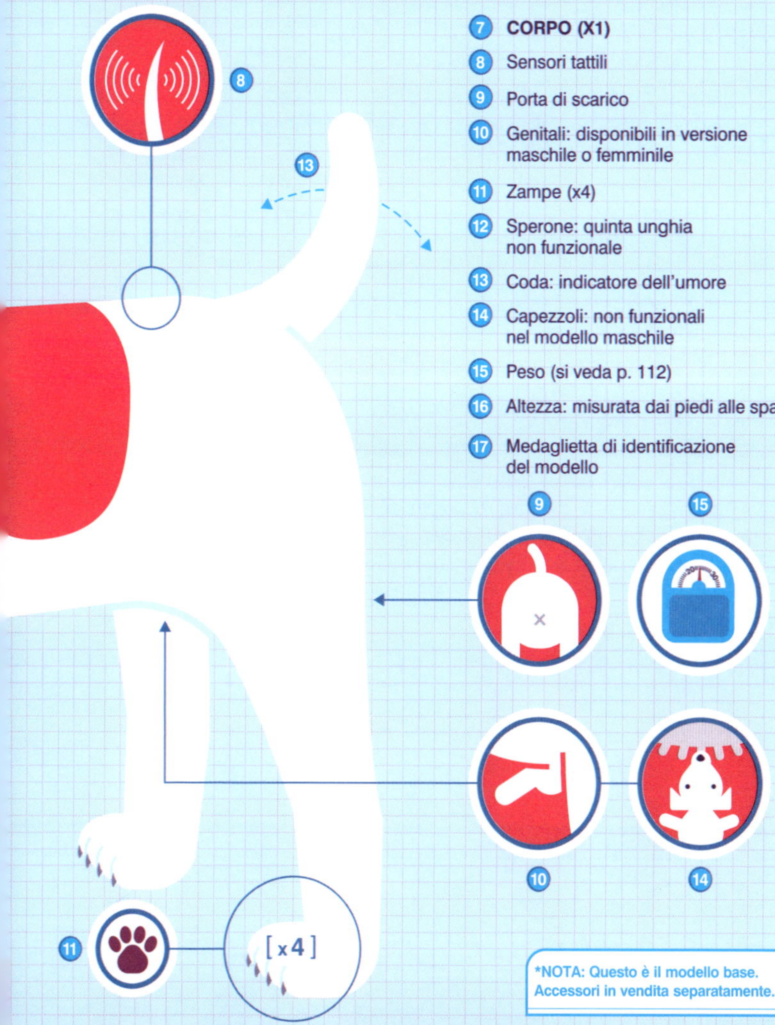


7 **CORPO (X1)**

8 Sensori tattili

9 Porta di scarico

10 Genitali: disponibili in versione maschile o femminile

11 Zampe (x4)

12 Sperone: quinta unghia non funzionale

13 Coda: indicatore dell'umore

14 Capezzoli: non funzionali nel modello maschile

15 Peso (si veda p. 112)

16 Altezza: misurata dai piedi alle spalle

17 Medaglietta di identificazione del modello

***NOTA: Questo è il modello base. Accessori in vendita separatamente.**

**Se qualcuna delle parti risultasse mancante, rivolgetevi al vostro centro assistenza.**

frazione di secondo, la fonte di un determinato suono. I cani, inoltre, sono in grado di percepire suoni ad altissima frequenza (fino a 40.000 Hz, o cicli, al secondo, laddove l'uomo può percepire al massimo quelli a 20.000 Hz al secondo) e di coglierli a una distanza circa quattro volte superiore. In pratica, ciò che noi riusciamo a sentire a una distanza di 15 m, un cane è in grado di percepirlo già da 60 metri.

**Sensori tattili** Ogni singolo pelo del mantello canino agisce come una sorta di antenna che trasmette i dati ambientali al nervo meccanorecettore posto alla sua base. Tali dati consentono al cane di essere estremamente consapevole dell'ambiente che lo circonda.

**Sensori di gusto** I cani hanno in dotazione circa 1.700 papille gustative mentre gli esseri umani ne possiedono più o meno 9.000. Questa relativa mancanza di senso del gusto spiega perché i cani siano così poco schizzinosi: mangiano praticamente di tutto senza fare storie e si leccano varie parti del corpo senza storcere il naso.

# Capacità di memoria

Tra gli esperti è tuttora aperto il dibattito in merito all'esatto quoziente intellettivo dei cani e, addirittura, alla reale possibilità di misurare il QI di specie non umane. Una cosa, però, non può essere assolutamente messa in discussione: le capacità di memoria e di risoluzione dei problemi di cui i cani danno prova superano di gran lunga quelle della maggior parte dei computer più potenti. Infatti, anche se un computer all'avanguardia è in grado di giocare una partita a scacchi come un vero campione, è impensabile che riesca a svolgere operazioni complesse come la caccia alla volpe o che possa fare da guida per le vie della città a una persona non vedente.

Per lo stesso motivo, istituire dei confronti tra l'acume delle diverse razze può dimostrarsi un esercizio estremamente opinabile. Determinati modelli eccellono in alcuni tratti – propensione all'addestramento, energia, curiosità – che gli umani trovano particolarmente desiderabili e ciò potrebbe farli sembrare più “svegli” di altri. Tali tratti, però, non sempre sono un vantaggio. Molti cani dotati di grande “intelligenza”, come i Border Collie e i Terrier, richiedono una notevole quantità di esercizio fisico, stimoli mentali, e “confronti” con il loro padrone. Al contrario, gli esemplari delle razze comunemente considerate meno intelligenti possono rivelarsi compagni di vita molto più rilassati e concilianti.

# Durata media del prodotto

In media, l'aspettativa di vita di un cane si aggira intorno ai 12 anni, ma la durata del vostro modello potrebbe variare notevolmente. Volendo semplificare al massimo, si può dire che le unità canine di taglia più grossa si deteriorano molto più in fretta di quelle piccole e compatte. Per esempio, un Mastiff o un Alano di 7 anni sono già molto vicini alla fase di obsolescenza, mentre un Barbone, un Beagle e altri cagnolini di questo tipo, possono durare il doppio o addirittura di più. A tutt'oggi il record di longevità spetta a un esemplare che ha vissuto 29 anni

[ Capitolo 1 ]

# Marche e modelli

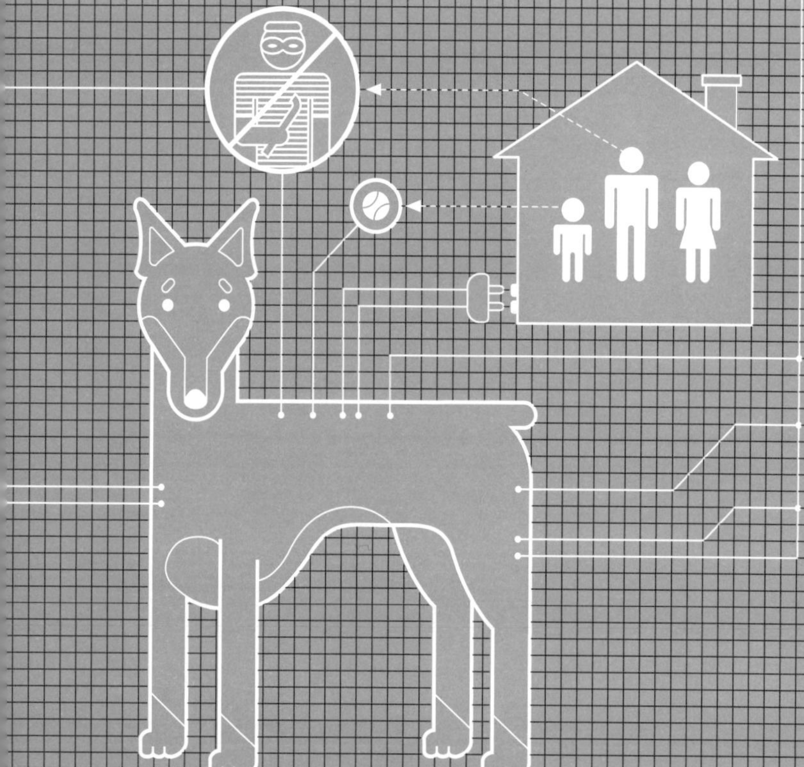

# Breve storia del prodotto

**Fin dagli albori della civiltà, i cani sono stati apprezzati e accolti con gioia dalla comunità degli uomini. Però, dal momento che la loro associazione con gli esseri umani ha radici così antiche, sappiamo molto poco dei tempi remoti in cui furono gettate le basi di questo sodalizio.**

Secondo le teorie più accreditate, il cane (*Canis familiaris*) ha avuto origine dal suo cugino selvatico, il lupo (*Canis lupus*). Sebbene quest'ultimo sia un sistema operativo decisamente molto più problematico da gestire (Fig. A), presenta in larga misura la stessa programmazione di base (fedeltà, coraggio e spiccate doti sociali) che gli umani tanto apprezzano nei cani. Nel corso di molte generazioni, tramite l'allevamento selettivo, il comportamento del lupo fu modificato allo scopo di enfatizzare i tratti desiderabili ed epurare quelli meno allettanti, per esempio l'estrema aggressività. Il risultato può essere annoverato tra i maggiori successi di marketing della storia. Attualmente, solo negli Stati Uniti si calcola la presenza di 60 milioni di cani (Fig. B), mentre il censimento della popolazione mondiale di lupi non supera le 100.000 unità.

Le differenze fisiche tra il *Canis familiaris* e il *Canis lupus* possono essere estremamente marcate. Mentre i lupi si conformano a un unico modello morfologico standard, i cani si presentano in una miscellanea di fogge e dimensioni. Ogni singolo tratto somatico, dalla lunghezza del pelo al colore del mantello, varia da razza a razza, e da individuo a individuo.

Tuttavia, non si può dire lo stesso della loro programmazione: eccetto per un piccolo numero di modifiche chiave, i cani e i lupi condividono il medesimo sistema operativo di base. Per esempio, il desiderio del cane di convivere con una famiglia di umani deriva direttamente dalla predisposizione del suo selvatico progenitore a vivere e cacciare in branco. Così, il leggendario coraggio di cui il cane dà prova nel fare la guardia al territorio e alle persone, la sua abilità nel capire e seguire le istruzioni ricevute, e perfino la devozione che dimostra nei confronti dei membri più giovani della famiglia, sono tutti tratti che rispecchiano il comportamento di un appartenente al branco.

Ovviamente, non si è riusciti a resettare dalla programmazione canina tutti i tratti indesiderati. Come i lupi, i cani tentano una costante "scalata sociale" all'interno del branco... di solito cercando di prevaricare i soggetti più deboli. Allo stato brado ciò si traduce nel fatto che l'animale più forte è quello che comanda. In uno scenario domestico, invece, un cane che tenta di dominare il suo padrone può diventare aggressivo, incontrollabile o, come minimo, molesto.

Per fortuna, nella maggior parte dei casi, queste anomalie nel software possono risolversi grazie a un'accurata socializzazione e a una ferma disciplina – nelle pagine seguenti si parlerà dettagliatamente di entrambe.

# Classificazione generale

**La maggior parte della popolazione canina mondiale è costituita da esemplari nati da incroci casuali, i cosiddetti cani "di razza mista" o "bastardi". Tuttavia, esistono anche numerosi modelli ottenuti tramite un allevamento selettivo volto a riprodurre un particolare tipo fisico e/o enfatizzare specifici comportamenti. I cani ottenuti in questo modo sono chiamati "di razza pura" o "purosangue". L'American Kennel Club li suddivide in sette categorie principali:**

**Sporting dogs (cani da sport)** Vi rientrano Pointer, Retriever, Setter, e Spaniel, compresi Golden Retriever, Labrador Retriever, Weimaraner, Cocker Spaniel e Setter Irlandese. ***Pregi:*** tutti hanno una personalità davvero vivace e piena di energia. ***Controindicazioni:*** in generale, gli appartenenti a questa categoria richiedono un regolare e vigoroso esercizio fisico.

**Working Dogs (cani da lavoro e di utilità)** Messa a punto per svolgere funzioni di difesa o di soccorso, questa tipologia di cani comprende le razze più forti e resistenti. Vi rientrano Alani, Dobermann, Alaskan Malamute, Terranova, San Bernardo e Rottweiler. ***Pregi:*** essendo grandi, forti e coraggiosi molti di questi modelli sono perfetti come cani da guardia. ***Controindicazioni:*** proprio perché sono così vigorosi richiedono un addestramento accurato, soprattutto in materia di socializzazione.

**Toys Dogs (cani da compagnia)** Questa categoria è composta in larga misura da cani di taglia molto piccola. Molti sono i classici cagnolini da salotto (detti anche "cagnolini da grembo"). Tra gli altri vi sono Maltese, Chihuahua, Shih Tzu, Pechinese e Pomeranian. ***Pregi:*** perfetti per coloro che vivono in un appartamento e hanno poco spazio a disposizione. ***Controindicazioni:*** non tutti i cagnolini da salotto sono di indole placida. I Chihuahua e i Pomeranian, in particolare, possono avere un caratterino tutt'altro che facile.

**Terriers (per la caccia in tana)** Nati per rincorrere, bloccare e uccidere piccoli animali di ogni tipo – dai topi ai tassi – questi modelli sono famosi per la loro personalità molto particolare (qualcuno la definirebbe *impegnativa*). Essendo vivacissimi ed energici avrebbero bisogno di un padrone altrettanto energico. Rientrano in questa categoria Jack Russell Terrier, Bull Terrier, Border Terrier, e American Staffordshire Terrier. ***Pregi:*** questi modelli sono molto apprezzati per la loro vitalità e per l'indole vivacissima. ***Controindicazioni:*** talvolta sono "rissosi" con gli altri cani e possono cercare di prevaricare un padrone non abbastanza di polso.

**Hounds (segugi)** Una categoria piuttosto elastica che comprende numerosi modelli originariamente progettati per la caccia ma che ora sono utilizzati soprattutto come animali da compagnia. Vi rientrano Beagle, Basset Hound, Rhodesian Ridgeback, Greyhound e Barzoi (o Borzoi). ***Pregi:*** quando non stanno effettivamente cacciando, molti di loro danno prova di un carattere placido e conciliante. ***Controindicazioni:*** alcuni modelli, come i Beagle, emettono continuamente un sonoro, prolungato abbaio/ululato. Scoprite se il modello cui siete interessati indulge in questa pratica e, prima di procedere all'acquisto, verificate in prima persona se è una cosa che riuscireste a tollerare.

**Non-sporting Dogs (cani non da sport)** Una vera e propria miscellanea di razze, dimensioni, fogge e temperamenti diversi. È più facile definire i cani che vi rientrano in base a ciò che *non sono* (né segugi né Terrier né cani di utilità). Tra i

modelli più famosi rientrano Bichon Frisé, Bulldog, Barboni, e Dalmata. ***Pregi:*** dai cani da guardia a quelli da salotto questo gruppo offre modelli adatti a ogni stile di vita. ***Controindicazioni:*** la disomogeneità della loro categoria non consente di fare generalizzazioni in merito a tratti comportamentali e/o fisici.

**Herding Dogs (cani da pastore)** Come si deduce dal nome, tutti i membri di questo gruppo eccellono nel tenere sotto controllo i movimenti di altri animali. Vi rientrano tra gli altri Collie, Border Collie, Bobtail e Welsh Corgi (un modello piccolo e piuttosto lento che però riesce a condurre il bestiame mordicchiandone i calcagni). ***Pregi:*** molte delle razze che rientrano in questa categoria sono rinomate per la loro intelligenza ed energia. ***Controindicazioni:*** quando si ha a che fare con questi modelli, la linea di confine tra "intelligente ed energico" e "nervoso ed esagitato" può essere molto sfumata. Se un cane da pastore non viene messo in condizione di praticare un costante e soddisfacente esercizio fisico potrebbe scegliere di "allenarsi" da solo, magari distruggendo i vostri beni personali.

Per quanto riguarda l'Italia, nel 1882 fu fondato l'ENCI (Ente Nazionale della Cinofilia Italiana), che – essendo associato alla FCI (Federazione Cinologica Internazionale) – ne segue la regolamentazione. Le razze canine riconosciute dall'ENCI sono suddivise in 10 gruppi: cani da pastore e bovari; cani di tipo Pinscher e Schnauzer, molossoidi e Bovari Svizzeri; Terrier; Bassotti; cani di tipo Spitz e di tipo primitivo; segugi e cani per pista di sangue; cani da ferma; cani da riporto, da cerca e da acqua; cani da compagnia; levrieri.

# I modelli più richiesti

**Sebbene esistano centinaia di razze canine, un numero relativamente ristretto di esse gode di una popolarità e di un successo quasi universali. Qui di seguito sono elencati i modelli che, per diffusione o per**

**fama, meritano una menzione speciale. Se foste interessati a uno di essi e ad avere informazioni più dettagliate, rivolgetevi a un veterinario o al club della razza più vicino a voi. Se intendete acquistare un esemplare purosangue, fatelo presso un allevatore qualificato.**

**Akita Inu** Originariamente allevato come modello da combattimento e da guardia, l'Akita è il cane nazionale del Giappone. ***Altezza:*** 64-71 cm. ***Peso:*** 34-45 kg. ***Aspetto:*** pelo molto folto; forte somiglianza con le razze da lavoro occidentali come il Pastore Tedesco e l'Husky; struttura potente completata da un'ispida coda a ricciolo. ***Pregi:*** intelligentissimo e fedele al suo padrone. ***Controindicazioni:*** può prevaricare un padrone poco assertivo. Aggressivo verso gli altri cani. ***Programmazione speciale:*** memoria eccellente. ***Padrone ideale:*** una persona forte ed energica, disposta a soddisfare il bisogno dell'Akita di esercizio fisico e di una guida dal polso fermo.

**American Terrier** Originariamente allevato come animale da combattimento, pare proprio che questo modello meriti il titolo di cane più forte del mondo. ***Altezza:*** 41-46 cm. ***Peso:*** 17-20 kg. ***Aspetto:*** pelo raso e liscio, disponibile in una vasta gamma di colori. Struttura molto possente, torace massiccio e mandibola robustissima. ***Pregi:*** i modelli allevati correttamente si dimostrano compagni fedeli e disciplinati. ***Controindicazioni:*** un modello allevato male, o finito in mano a una persona poco equilibrata (o a un tipaccio prepotente), può diventare molto pericoloso. ***Programmazione speciale:*** insensibile sia al dolore sia alla paura. ***Padrone ideale:*** una persona forte ed energica che sappia tirar fuori il lato tenero di questo modello.

**Barbone** Nato come cane da caccia con una forte simpatia per l'acqua (il suo nome inglese è Poodle e deriva dalla parola tedesca *Pudeln*, che significa "spruzzo"). Questi modelli, in base alla taglia, si raggruppano in quattro categorie: grande mole (o standard); media mole; nano; miniatura (o toy). ***Altezza:*** grande mole, 46-58 cm; media mole, 36-46 cm; nano, 28-36 cm; miniatura, fino a 25 cm. ***Peso:*** grande mole, 22 kg; media mole, 12 kg; nano, 7 kg; miniatura, fino ai 5 kg. ***Aspetto:*** tutti i modelli sono dotati di un mantello folto e ricciuto, disponibile in varie tonalità. ***Pregi:*** intelligentissimo e di indole affettuosa e fedele. ***Controindicazioni:*** sebbene i Barboni siano rinomati per il loro carattere equilibrato, quelli di taglia più piccola, talvolta, tendono a mordere. ***Programmazione speciale:*** oltre a essere intelligenti, i Barboni hanno una gran voglia di imparare cose nuove, perciò sono facili da addestrare. ***Padrone ideale:*** Perfetto praticamente per tutti.

**Basset Hound** Discendente del Bloodhound. Le zampe corte di questo modello furono messe a punto affinché i cacciatori avessero qualche chance in più di stare al suo passo. ***Altezza:*** 38 cm. Peso: 18-23 kg. ***Aspetto:*** pelo raso e morbido al tatto, zampe corte, orecchie lunghe che possono anche toccare per terra. ***Pregi:*** fin troppo paziente, devoto alla sua famiglia, bravo con i bambini, totalmente privo di pulsioni aggressive. ***Controindicazioni:*** può essere difficile abituarlo alle regole domestiche... o addestrarlo in generale. ***Programmazione speciale:*** l'olfatto del Basset Hound è uno dei più acuti del mondo canino. ***Padrone ideale:*** una persona che possa garantirgli la giusta dose di esercizio fisico (questo modello ha la tendenza a ingrassare) e di attenzioni.

**Bassotto Tedesco** Noto anche con il nome di Dachshund, è un modello messo espressamente a punto per inseguire le prede nelle loro tane e arrivare allo scontro diretto (il nome *Dachsuhund* significa proprio "cane da tasso"). ***Altezza:*** 20-25 cm. Peso: 5-7 kg. ***Aspetto:*** zampe corte e corpo oblungo. Disponibile nella versione a pelo lungo, corto e a pelo duro. ***Pregi:*** un cane di buon carattere che presenta raramente anomalie nella programmazione. ***Controindicazioni:*** Non brilla per la sua pazienza con i bambini. Refrattario all'addestramento. ***Programmazione speciale:*** i Bassotti sono stati programmati per essere cacciatori senza paura. Anche se sembrano cani da salotto, si comportano come dei Terrier: chi è in cerca di un pacioso compagno di divano resterà deluso. ***Padrone ideale:*** una persona disposta a investire tempo ed energie per addestrarlo come si deve.

**Beagle** Uno dei più antichi modelli da caccia europei, risale come minimo al quattordicesimo secolo. ***Altezza:*** 33-41 cm. ***Peso:*** 12-15 kg. ***Aspetto:*** pelo liscio, orecchie cascanti. ***Pregi:*** bravo con i bambini e i familiari; è praticamente privo di pulsioni aggressive. ***Controindicazioni:*** si distrae facilmente.

Se sente un odore interessante, un Beagle senza guinzaglio svanirà in un baleno. Tende a mangiare troppo. ***Programmazione speciale:*** i Beagle annunciano l'arrivo di qualcuno con un caratteristico e prolungato abbaio/ululato. ***Padrone ideale:*** una famiglia con bambini.

**Boxer** Deve il nome alla sua presunta propensione a sollevarsi sulle zampe posteriori per "tirare di boxe" con quelle anteriori. ***Altezza:*** 53-63 cm. ***Peso:*** 2432 kg. ***Aspetto:*** pelo raso e lucido, corpo muscoloso, muso schiacciato e un'espressione facciale apparentemente minacciosa. ***Pregi:*** eccellente cane da guardia, ma è anche bravissimo con i bambini. ***Controindicazioni:*** ha un'aspettativa di vita relativamente breve (di solito inferiore ai 10 anni). ***Programmazione speciale:*** per quanto abbia un'indole esuberante, il Boxer tende a essere meno aggressivo rispetto ad altre razze di cani da guardia come il Pastore Tedesco e il Rottweiler. ***Padrone ideale:*** una famiglia con bambini.

**Carlino** Leggenda vuole che questo modello sia stato importato in Europa niente meno che da Gengis Khan. ***Altezza:*** 25-30 cm. ***Peso:*** 6-8 kg. ***Aspetto:*** pelo corto, morbido e lucente disponibile in argento, nero o beige (albicocca). Il muso è sempre nero, largo e schiacciato con grandi occhi sporgenti ed espressivi. Corporatura compatta. ***Pregi:*** un cane piccolo ma molto affabile ed espansivo, che non ha eccessive pretese né dal punto di vista fisico né psicologico. Bravo con i bambini. ***Controindicazioni:*** tende a fare continuamente sbuffi e versi con il naso (come se russasse da sveglio). ***Programmazione speciale:*** sa adattarsi praticamente a ogni ambiente, da un piccolo appartamento a una grande casa piena di bambini. ***Padrone ideale:*** chiunque non sia infastidito dal suo "russare".

**Chihuahua** Presumibilmente ebbe origine nel Messico precolombiano, ed è il cane più piccolo del mondo. ***Altezza:*** 15-23 cm. Peso: 1-3 kg. ***Aspetto:*** ne esistono due versioni, una a pelo lungo e una a pelo corto. La testa può avere una forma "da cerbiatto" (muso più lungo e ben sviluppato) o "a mela" (cranio e occhi grandi, muso più corto). ***Pregi:*** un cane vivace, dotato di una personalità divertente. È anche un eccellente cane da guardia. ***Controindicazioni:*** le sue piccole dimensioni lo rendono in un certo senso fragile. Gli esemplari

**I MODELLI PIÙ RICHIESTI** Ci sono molte razze tra le quali scegliere.

I modelli mostrati qui sopra (e alle pp. 36-37) sono tra i più popolari.

più maturi hanno una piccola apertura sulla sommità del cranio che li espone maggiormente al rischio di lesioni. ***Programmazione speciale:*** il Chihuahua non sembra rendersi conto delle sue reali dimensioni: senza un attimo di esitazione, partirà all'attacco di cani 20 volte più grandi di lui. *Non permettetegli di farlo*. ***Padrone ideale:*** chi vive in un appartamento o una persona anziana.

**Collie** Anche se il grande pubblico lo chiama così – grazie soprattutto al popolarissimo telefilm *Lassie* –, il suo vero nome è Pastore Scozzese, dato che fu originariamente allevato nelle montagne della Scozia come cane da pastore. ***Altezza:*** 56-61 cm. Peso: 22-32 kg. ***Aspetto:*** il suo mantello folto e sontuoso è in assoluto tra i più belli del mondo canino ed è disponibile nella versione sabbia, tricolore (bianco, nero e fulvo) e blue-merle (grigio blu). È disponibile anche nella versione a pelo corto. ***Pregi:*** intelligentissimo e fedele. ***Controindicazioni:*** è in qualche misura difficile da addestrare, poiché è testardo ma al tempo stesso timido e sensibile. ***Programmazione speciale:*** i Collie, un tempo espressamente allevati per radunare le pecore, spesso non si lasciano sfuggire l'occasione di sfruttare questo tratto della loro programmazione. Sono frequenti i casi di Collie che hanno cercato di "radunare in gregge" bambini, altri animali domestici o perfino gruppi di adulti. ***Padrone ideale:*** chiunque sia disposto a farsi carico degli astronomici costi di toelettatura di questo modello (e chi non badi troppo alla massiccia quantità di pelo – sabbia, tricolore e blue-merle – disseminata su ogni superficie della casa).

**Dobermann** Creato tramite incroci (ma la sua "ricetta" è tuttora segreta) in Germania negli anni Sessanta dell'Ottocento da Louis Dobermann, un esattore delle tasse che voleva selezionare il cane da guardia ideale. ***Altezza:*** 69-71 cm. ***Peso:*** 30-40 kg. ***Aspetto:*** pelo corto, liscio e aderente al corpo. La maggior parte dei modelli è nera, ma è disponibile anche in versione marrone o con focature rosso ruggine (la versione blu è ormai una rarità). Corporatura muscolosa ed elegante. Le orecchie sono pendenti (anche se spesso gli vengono "mozzate"). ***Pregi:*** un impareggiabile cane da guardia. ***Controindicazioni:*** se non gestito correttamente, può essere molto aggressivo. ***Programmazione speciale:*** intelligentissimo e in grado di "reggere" gli addestramenti più complessi. I maschi possono dimostrarsi marcatamente più aggressivi delle femmine. ***Padrone ideale:*** una persona esperta in grado di addestrarlo con polso fermo e disciplina. Non è un modello adatto ai principianti.

**Golden Retriever** Sebbene il dibattito sulle origini di questo modello sia ancora aperto, pare che l'intera razza derivi dall'incrocio – avvenuto nel tardo Ottocento – tra un Retriever giallo a pelo ondulato e un Tweed Water Spaniel (oggi quasi estinto). ***Altezza:*** 51-61 cm. ***Peso:*** 27-37 kg. ***Aspetto:*** pelo liscio o lievemente ondulato di colore dorato o crema. È di indole amichevole e ha sempre un'espressione felice. ***Pregi:*** affettuoso, giocherellone e amabile, è il cane "da famiglia" per eccellenza. ***Controindicazioni:*** è assolutamente negato per mansioni di difesa o di guardia. ***Programmazione speciale:*** progettato come cane da caccia, talvolta viene tuttora usato a tale scopo. ***Padrone ideale:*** chiunque possa garantirgli l'esercizio fisico e le attenzioni di cui ha bisogno.

**Greyhound** Noto anche con il nome di Levriero Inglese a pelo raso, è il cane più veloce del mondo, raggiungendo i 64 km all'ora. Altezza: 69-79 cm. ***Peso:*** 27-32 kg. ***Aspetto:*** pelo raso e setoso disponibile in una vasta gamma di colori. Corporatura atletica e muscolosa ma longilinea. ***Pregi:*** nonostante sia rinomato per le sue doti di scattista, il Greyhound dà prova di essere anche un animale da compagnia docile e di buone maniere. ***Controindicazioni:*** essendo un atleta, ha bisogno di molto esercizio fisico. ***Programmazione speciale:*** il desiderio di rincorrere la selvaggina è così profondamente radicato in lui che ogni diversivo si rivelerà inutile. Nei luoghi pubblici andrà sempre tenuto al guinzaglio: i Greyhound sono irresistibilmente attratti da oggetti o piccoli animali in movimento (gatti compresi) e si lanceranno al loro inseguimento anche da grandi distanze finché non li avranno raggiunti e – salvo provvidenziali interventi esterni – uccisi. ***Padrone ideale:*** una persona atletica in grado di garantirgli tutto l'esercizio fisico di cui ha bisogno.

**Jack Russell Terrier** Le sue origini risalgono alla selezione compiuta nell'Ottocento dal reverendo e allevatore Jack Russell (membro fondatore dell'English Kennel Club). ***Altezza:*** 33-36 cm. ***Peso:*** 4-8 kg. ***Aspetto:*** disponibile in versione a pelo liscio, ruvido o "filo di ferro". La struttura del corpo, la lunghezza delle zampe e la struttura facciale variano molto da individuo a individuo, più di quanto solitamente accada in altre razze. ***Pregi:*** intelligentissimo e con l'argento vivo addosso, presenta una delle personalità più vivaci del mondo canino. ***Controindicazioni:*** forse il più bellicoso ed esuberante di tutti i Terrier. ***Programmazione speciale:*** in origine selezionati per inseguire e stanare le prede da sotto terra, i Jack Russell sono bravissimi nella caccia, nel combattimento... e nelle operazioni di dissodamento del giardino. ***Padrone ideale:*** una persona che abbia già una certa esperienza e sappia tenerlo a bada grazie a un addestramento appropriato e alla giusta disciplina.

**Labrador Retriever** Uno dei modelli più popolari in assoluto. ***Altezza:*** 53-61 cm. ***Peso:*** 25-36 kg. ***Aspetto:*** disponibile in nero, marrone (chocolate) e giallo. Eccellente nuotatore, è dotato di un mantello impermeabile e di zampe palmate. ***Pregi:*** perfetto come cane per famiglie. Adora i bambini ed è ben disposto nei confronti degli ospiti. ***Controindicazioni:*** negato per fare la guardia. Tende a mangiare troppo. ***Programmazione:*** poiché i Labrador furono appositamente progettati per andare a recuperare la selvaggina in acqua, amano nuotare e bagnarsi. ***Padrone ideale:*** una famiglia con una casa sul lago... e che non si stanchi mai di lanciare al cane un bastone (o altro) e di farselo riportare.

**Pastore Tedesco** Messo originariamente a punto come cane da pastore. ***Altezza:*** 56-66 cm. ***Peso:*** 28-35 kg. ***Aspetto:*** la maggior parte dei modelli presenta un mantello corto marrone-rossiccio con una "sella" nera. Sono comunque disponibili versioni completamente nere (e in altre varianti cromatiche), a pelo medio o lungo (ma queste non rientrano nello standard della razza e non possono partecipare ai concorsi). ***Pregi:*** estremamente intelligente e predisposto all'addestramento. ***Controindicazioni:*** perde molto pelo. ***Programmazione speciale:*** ama rendersi utile ed eccelle in ogni mansione, dalla guardia al soccorso. ***Padrone ideale:*** qualcuno che soddisfi la sua "voglia di fare" e riesca a tenere sotto controllo le sue tendenza aggressive.

**Pechinese** Anticamente una presenza fissa e amatissima della corte imperiale cinese, fu importato in Occidente nell'Ottocento. ***Altezza:*** 15-23 cm. ***Peso:*** 5-6 kg. ***Aspetto:*** pelo lungo e setoso con un muso nero circondato da una criniera "leonina". Disponibile in vari colori. ***Pregi:*** ha un'indole placida e si affeziona moltissimo al padrone (anche se non lo manifesta mai in modo plateale). ***Controindicazioni:*** non ha molta pazienza con i bambini. Addestrarlo all'obbedienza è una vera impresa... se non una missione impossibile. ***Programmazione speciale:*** sebbene siano refrattari all'addestramento, i Pechinesi hanno tendenzialmente un carattere collaborativo e non creano particolari problemi. ***Padrone ideale:*** chiunque desideri un cagnolino da amare svisceratamente.

**Shih Tzu** Un cane di origini cinesi, forse nato da un incrocio tra un Pechinese e un Lhasa Apso. Altezza: 20-28 cm. Peso: 4-7 kg. ***Aspetto:*** pelo lungo e setoso, disponibile in una vasta gamma di colori. ***Pregi:*** il prototipo del "cane da grembo", proprio come all'epoca in cui era il beniamino della corte imperiale cinese. ***Controindicazioni:*** eccetto che per le coccole, non sembra spiccare per altri particolari talenti. ***Programmazione speciale:*** personalità gioviale; devoto al suo padrone. ***Padrone ideale:*** chiunque cerchi un cane a "basso mantenimento". Tutto nello Shih Tzu è a basso mantenimento... tranne la cura del suo mantello.

**Terranova** Un cane da lavoro che un tempo veniva usato dai pescatori per trasportare carichi e trascinare a riva le reti. ***Altezza:*** 66-71 cm. ***Peso:*** 45-68 kg. ***Aspetto:*** pelo lungo e idrorepellente, disponibile in nero, bianco-nero, e marrone. Corporatura solida e massiccia. Zampe palmate per facilitarlo nel nuoto. ***Pregi:*** per quanto la sua mole e la sua incredibile forza lo possano far apparire minaccioso, il Terranova è un cane molto mite, ottimo per una famiglia. ***Controindicazioni:*** perde una grande quantità di pelo e richiede di essere spazzolato regolarmente e con cura. ***Programmazione speciale:*** in virtù della loro simpatia per l'acqua, i Terranova vengono talvolta usati come cani da soccorso (ovvero come cani-bagnini). ***Padrone ideale:*** una famiglia che viva in una casa grande con giardino. Il Terranova non è un modello da appartamento.

**Yorkshire Terrier** Selezionato nello Yorkshire, in Inghilterra, per ripulire dai topi le miniere di carbone. ***Altezza:*** 18-23 cm. Peso: 3 kg. ***Aspetto:*** pelo lungo, lucido e setoso, di colore dorato su testa, torace e zampe, ma blu acciaio in tutto il resto del corpo. ***Pregi:*** un cane allegro, vivace e con lo stesso

**I MODELLI PIÙ RICHIESTI** Ci sono molte razze tra le quali scegliere.

I modelli mostrati qui sopra (e alle pp. 30-31) sono tra i più popolari.

spirito combattivo di un grosso Terrier. ***Controindicazioni:*** tende ad attaccar briga con cani molto più grossi di lui. Può essere difficile da addestrare. Il pelo (se tenuto lungo) richiede di essere spazzolato regolarmente. ***Programmazione speciale:*** il loro aspetto da cani da salotto non deve trarre in inganno: la loro programmazione interna prevede la stessa energia e aggressività degli altri Terrier. ***Padrone ideale:*** chiunque sia disposto a prendersi l'impegno di occuparsi di un cane vivacissimo.

# Modelli non di marca

**Al mondo esistono oltre 500 razze canine, ma questa cifra impallidisce al confronto con la popolazione planetaria di esemplari di razza mista (incroci). Questi modelli "non di marca" sono reperibili soprattutto attraverso canali di distribuzione informali (privati, canili) e la configurazione del loro software e delle loro componenti meccaniche presenta dei pro e dei contro. Mentre la programmazione di un'unità canina di razza pura è finalizzata ad accentuare uno o più tratti comportamentali (per esempio, la capacità di governare le greggi in un Border Collie, o l'istinto territoriale in un Pastore Tedesco) in un modello di razza mista ciò non accade. Personalità e talenti variano notevolmente: l'unico modo per scoprire che cosa un particolare modello sia in grado di offrire è studiarlo da vicino.**

**D'altro canto, però, i cani bastardi presentano notevoli vantaggi dal punto di vista meccanico. L'allevamento selettivo – volto a enfatizzare determinati tratti fisici e comportamentali nei modelli di razza pura – contribuisce anche a rafforzare i difetti genetici (dalla displasia delle anche a problemi cutanei). Potendo invece contare su un "cocktail" genetico cosmopolita, i bastardi sono meno esposti al rischio di malattie congenite.**

**Se siete interessati a una razza specifica e molto costosa, potreste optare per un incrocio che incorpori nel suo patrimonio genetico qualche tratto del modello purosangue che vi piace (basandovi sul suo aspetto fisico o sulle informazioni fornite dall'attuale proprietario). Se siete fortunati, potrete ottenere tutte le caratteristiche positive del vostro modello preferito ma racchiuse in un animale meno cagionevole e costoso.**

## ESEMPI DI RAZZE MISTE

# Scelta del modello più adatto

**Dato che la gamma di modelli disponibili è pressoché infinita, la scelta di quello più adatto a voi deve essere accuratamente ponderata. Per decidere quale razza, taglia e temperamento si confacciano meglio al vostro stile di vita, considerate i seguenti fattori:**

**Taglia** In linea di massima si può dire che i modelli di taglia più grossa non sono la soluzione migliore se vivete in un appartamentino o in una casa con un giardino piccolo (o non recintato), tuttavia, le cose non stanno sempre così. Alcuni modelli di grossa mole ma di indole mite, come il Golden Retriever, possono adattarsi meglio a vivere in un appartamento di quanto riesca a fare, per esempio, un irrequieto Schnauzer. Nella scelta della razza, dunque, oltre al fattore taglia giocano un ruolo altrettanto importante il temperamento e la quantità di esercizio fisico richiesta dal modello in questione.

**Tipo di mantello** Le razze a pelo lungo solitamente perdono un'incredibile quantità di pelo e richiedono costanti – e costose – operazioni di toelettatura professionale. Le varietà a pelo corto necessitano di una manutenzione meno onerosa, nonostante siano altrettanto soggette alla muta del pelo. Le minuscole scaglie di pelle che il cane tende naturalmente a perdere possono anche aggravare le allergie umane. Alcuni modelli, come i Barboni, di solito creano meno problemi di questo tipo.

**Temperamento** Poiché i purosangue danno prova di tratti psicologici ricorrenti, è importante che scegliate un modello compatibile con il vostro stile di vita. Consultate un manuale sulle razze e, se possibile, persone che siano già in possesso del tipo di cane che vorreste voi. Nel caso intendiate adottare un bastardo, è fondamentale che trascorriate un po' di tempo con lui, per poter valutare la sua personalità. Se è un incrocio tra due razze affini sarà più facile farsi un'idea del suo temperamento, ma la faccenda si complica se è nato da genitori di razze molto diverse (per esempio un Pastore Tedesco e un Terrier).

**Esigenze fisiche** Se amate le attività all'aria aperta e vi piacerebbe che il vostro cane vi accompagnasse, vi conviene optare per una razza sportiva o per un energico Terrier. Se invece lo sport lo guardate solo in televisione, è meglio che ripieghiate su un modello di indole più sedentaria.

**Esigenze di orario** Durante i giorni feriali avreste la possibilità di ritornare a casa a orari più o meno fissi per garantire al cane un regolare esercizio fisico e l'espletamento dei suoi bisogni fisiologici? Ricordatevi che, sebbene per alcuni modelli (per esempio, il Bloodhound e il Golden Retriever) non sia un grosso problema restare da soli, molti altri (tra cui il Border Collie e il Wheaten Terrier) possono soffrire di ansia da separazione. (Si veda "Disturbi psicologici e/o comportamentali", p. 178.)

**Considerazioni relative al nucleo familiare** Prima di adottare un cane, assicuratevi che tutti i membri della vostra famiglia condividano quest'idea. Ricordatevi che i modelli predisposti a mordere, o a dare comunque prova di comportamenti aggressivi, sono quasi sempre sconsigliati nel caso di famiglie con bambini piccoli. Tenete anche conto delle eventuali reazioni che potreste innescare negli animali domestici che vivono già con voi.

**Obblighi finanziari** Mantenere un cane è una spesa continua: cibo, parcelle del veterinario, toelettatura ecc. significano centinaia di euro all'anno. Se vi sembra un impegno troppo oneroso, optate per soluzioni più abbordabili, come dei pappagallini o un criceto.

⚠ ***ATTENZIONE*** *L'adozione di un cane è una cosa che cambia letteralmente la vita e dunque non andrebbe mai presa con leggerezza. Così come non bisognerebbe mai regalare un cane a qualcuno per fargli una sorpresa. Ogni anno migliaia di queste "sorprese" vengono soppresse.*

## Vantaggi dell'avere un cane

I benefici psicologici che un cane può offrire sono ormai universalmente riconosciuti. Un animale ben addestrato è in grado di garantire compagnia, amore incondizionato e, spesso, un legame di amicizia forte quanto quello di un essere umano. I cani, inoltre, possono diventare a tutti gli effetti membri della famiglia. Capita di frequente che quando si chiede a un adulto di parlare

dei suoi ricordi d'infanzia più belli, cominci proprio con il raccontare delle esperienze vissute con il suo primo cane.
Questi animali possono anche sostenerci durante i periodi più bui, alleviando il nostro fardello emotivo e psicologico. Un cane, però, si rivela un vero toccasana anche dal punto di vista fisico: studi scientifici hanno dimostrato che possederne uno – o comunque interagire con esso – può abbassare la pressione sanguigna e ridurre lo stress. Sul lungo periodo ciò significa prevenire disturbi cardiaci ed evitare ingenti spese mediche, dato che si è osservato che chi vive con un cane ha meno bisogno di andare dal dottore. Un cane di buon carattere è un antidoto alla solitudine e un efficacissimo antidepressivo, ecco perché viene ampiamente utilizzato nella cosiddetta "pet therapy" presso le case di cura e gli ospedali. Alla fine, tenuto conto dei benefici, il costo del mantenimento di un cane risulta un saggio investimento.

# Nuovo o usato?

## Cucciolo

**Pro**: la programmazione di un cucciolo può – in una certa misura – essere personalizzata in base alle vostre esigenze. Per i cuccioli, inoltre, è più semplice adattarsi a un ambiente nuovo e legare con i membri della famiglia.
**Contro**: addestrarli può essere un compito difficile, esasperante e anche costoso. I comportamenti distruttivi sono all'ordine del giorno e vanno dagli scarichi non autorizzati sul tappeto persiano allo smangiucchiamento di mobili e beni personali.

## Adulto

**Pro**: in generale, un cane adulto di buona qualità è un sistema a "installazione automatica", già configurato con tutti i software (abitudini igieniche, socializzazione, un minimo di addestramento all'obbedienza) necessari alla convivenza con una famiglia di umani. **Contro**: possono fare più fatica ad ambientarsi. Inoltre possono presentare anomalie nel software (eccessiva aggressività, tendenze distruttive) difficili da contrastare, oppure fare le spese di una cattiva programmazione a opera del precedente proprietario. Prima dell'acquisto, il modello andrebbe accuratamente monitorato per verificare la presenza di eventuali problemi. Un addestratore o un veterinario potranno aiutarvi a stabilire quanto tempo vi servirà per configurare come si deve la vostra unità canina.

## Maschio o femmina?

**Sebbene esistano delle eccezioni, si può affermare che le femmine di cane tendono a essere meno territoriali e aggressive dei maschi. Tuttavia, la castrazione del maschio (consigliabile nella quasi totalità dei casi) spesso è sufficiente a limitare questo genere di problemi. Le femmine sono anche in qualche misura più facili da addestrare. Questo, però, non implica che tutte le femmine di ogni razza siano più remissive e concilianti. Una femmina di Rottweiler, per esempio, può dimostrarsi meno aggressiva e assertiva della sua controparte maschile, ma essere comunque decisamente più aggressiva e assertiva della maggior parte degli individui di altre razze.**

## Scelta del rivenditore

**Molti privati e canali specializzati vendono cani o li offrono in adozione. Spesso è possibile ottenere, con una spesa minima, un cucciolo o un adulto ben addestrato e in ottime condizioni.**

### Canili

**Pro**: tali strutture dispongono di una vasta scelta di modelli di seconda mano, molti dei quali già configurati per l'immediato utilizzo domestico. I canili, di solito, fanno lo screening delle loro giacenze (che vanno dai modelli non di marca a quelli più esclusivi, provvisti di un pedigree impeccabile) per verificare che non ci siano tratti indesiderabili dal punto di vista fisico o psicologico. La cifra richiesta per questi animali (soprattutto se confrontata con i prezzi praticati dai negozi di animali o dagli allevatori ) di solito è puramente simbolica. Alcune strutture richiedono un periodo di prova e verifica e/o la garanzia che, se necessario, farete sterilizzare l'animale. **Contro**: nessuno.

Semplicemente, premuratevi di valutare con attenzione la personalità di un cane prima di adottarlo. E, soprattutto, ricordate che molti animali vengono abbandonati senza che ne abbiano colpa, magari solo a causa dell'ignoranza del loro ex padrone (o del fatto che quest'ultimo ha cambiato stile di vita o gusti in materia di animali da compagnia).

## Negozi di animali

**Pro**: si possono trovare praticamente in tutti i grossi centri commerciali. **Contro:** gli esemplari di razza pura venduti nei negozi di animali possono avere un pedigree alquanto dubbio, ciò nonostante di solito hanno un prezzo molto salato. Dal momento che crescono confinati in uno spazio piuttosto angusto, spesso sviluppano scarse capacità di socializzazione e possono dimostrarsi estremamente refrattari all'addestramento. La maggior parte degli esperti, dunque, sconsiglia di rivolgersi a questo tipo di strutture. Se proprio non si può fare altrimenti, è necessario sottoporre a un'accurata visita veterinaria i modelli acquistati in negozio, per verificare la presenza di problemi fisici o psicologici.

## Allevatori

**Pro:** un allevatore qualificato (per trovarlo consultate un veterinario o il club della razza più vicino a voi) è quasi sempre il miglior canale per l'acquisto di cuccioli di razza pura. Spesso sarà in grado di fornire ogni minimo dettaglio sul pedigree del vostro modello, su eventuali difetti congeniti e sulla sua personalità. Un bravo allevatore dovrebbe permettervi di ispezionare la struttura, fornirvi i nomi dei precedenti titolari, darvi informazioni dettagliate sul vostro cucciolo e sul suo albero genealogico, assicurarvi che all'animale siano state fatte tutte le vaccinazioni e le cure del caso e, infine, rilasciarvi una garanzia scritta del suo stato di buona salute. Se la persona che avete di fronte si rifiutasse di fare anche una sola di queste cose, rivolgetevi a qualcun altro.

## Associazioni a tutela di una determinata razza

**Pro:** queste organizzazioni lottano per "salvare" cani di una determinata razza rimasti senza padrone per poi trovare loro una nuova casa. Su Internet potrete trovare informazioni su molte di queste associazioni votate alla salvaguardia di una specifica razza (dal Jack Russell Terrier al Terranova). Sono la soluzione ideale per coloro che cercano un modello ben preciso. **Contro:** il particolare cane che interessa a voi potrebbe non risultare disponibile nella vostra zona e per adottarlo potrebbe essere necessario viaggiare.

## Privati

**Pro:** i quotidiani sono pieni di annunci in cui si danno cuccioli in adozione. Di solito si tratta di modelli di razza mista offerti in "regalo a chi saprà prendersene cura" o a un prezzo simbolico. A patto che esaminiate con cura il cagnolino in questione, l'ambiente in cui è vissuto e, se possibile, i suoi genitori, questi esemplari possono essere perfetti animali da compagnia. (Si veda "Adozione di un cucciolo di cane: check list di controllo", pp. 46-47.)
**Contro:** in alcuni casi questo tipo di cucciolate potrebbe non aver ricevuto le cure veterinarie necessarie o un adeguato training alla socializzazione. Inoltre, queste riproduzioni accidentali non fanno che aggravare il già serio problema della sovrappopolazione canina. Cercate almeno di convincere il padrone a far sterilizzare la madre (se è possibile, anche il padre).

***LA PAROLA ALL'ESPERTO*** *Se il vostro cane – maschio o femmina che sia – non è ancora stato sterilizzato, premuratevi di farlo immediatamente, o comunque il prima possibile. (Si veda "Maturità sessuale", p. 141.)*

# Adozione di un cucciolo di cane:

**Mentre esaminate un cucciolo ponetevi le seguenti domande. Idealmente, dovreste**

| | |
|---|---|
| ○ Sì ○ No | Se possibile, esaminatene la madre. Sembra priva di gravi disturbi fisici e/o mentali che potrebbe aver trasmesso ai figli? |
| ○ Sì ○ No | Il cucciolo ha almeno 8 settimane? (Prima delle 8 settimane non andrebbero mai separati dalla madre e dal resto della cucciolata.) |
| ○ Sì ○ No | Sembra vivace, allegro e desideroso di socializzare con voi? (Un cucciolo timido e diffidente rischia di restare tale anche da adulto.) |
| ○ Sì ○ No | Sembra tenero e affettuoso? (Un'aggressività immotivata – ringhia o tenta di mordere – in un soggetto così giovane può essere sintomo di qualche grave anomalia nel software.) |
| ○ Sì ○ No | Ha ricevuto tutte le vaccinazioni e le cure mediche richieste dalla sua età? (Si veda "Rivolgersi al centro assistenza" p. 149.) |
| ○ Sì ○ No | Le sue feci hanno una consistenza solida? (Un esame delle feci andrebbe effettuato a partire dall'ottava settimana. Un soggetto particolarmente magro potrebbe essere denutrito o avere i vermi.) |
| ○ Sì ○ No | Gli occhi sono limpidi e non presentano secrezioni eccessive? |

## check list di controllo

**rispondere tutti "si". Anche un solo "no" merita un'attenta valutazione.**

| | |
|---|---|
| ◯ Sì ◯ No | **Naso e orecchie non presentano secrezioni eccessive?** |
| ◯ Sì ◯ No | **Il mantello è pulito e lucido?** |
| ◯ Sì ◯ No | **Il respiro è regolare, senza tosse e/o sintomi di asma?** |
| ◯ Sì ◯ No | **Alla palpazione, il corpo risulta sodo e privo di zone cedevoli o molli?** |

**Nel caso di cuccioli di razza pura, è opportuno fare uno screening per verificare la presenza di difetti genetici (displasia delle anche, disturbi cardiaci, cecità ecc.), frequenti in determinate razze. Qualunque sia il tipo di cane che avete deciso di adottare, prima di procedere sottoponetelo a una visita accurata da parte del vostro veterinario. Individuare subito un soffio al cuore, un problema ortopedico o qualche altra disfunzione grave vi consentirà di restituirlo prima di avere avuto il tempo di affezionarvici.**

⚠ ***ATTENZIONE*** *Se avete dei bambini, aspettate almeno che abbiano 6 anni prima di mettervi in casa un cane di grossa taglia. Ricordate anche che il carico di lavoro richiesto dall'arrivo di un cucciolo di cane può essere simile a quello richiesto da un neonato. La prematura aggiunta di un cucciolo a una famiglia con bambini piccoli potrebbe sovraccaricare e mandare in tilt la persona che si occupa della gestione domestica.*

# Adozione di un cane adulto:

**Mentre esaminate un cane adulto ponetevi le seguenti domande. Idealmente,**

| | |
|---|---|
| ◯ Sì ◯ No | Avete modo di contattare i suoi ex proprietari? |
| ◯ Sì ◯ No | Avete la possibilità di conoscere il background del cane e dei motivi per cui è stato messo in vendita/adozione? |
| ◯ Sì ◯ No | Siete sicuri che non lo stiano abbandonando a causa di un grave disturbo della personalità, per esempio la distruttività? (Ciò non è necessariamente un motivo valido: spesso le cure amorevoli riescono ad avere la meglio sulle cattive abitudini.) |
| ◯ Sì ◯ No | È già abituato a vivere in casa? |
| ◯ Sì ◯ No | Vi sembra amichevole, affettuoso e interessato a voi? |
| ◯ Sì ◯ No | Se dovesse convivere con dei bambini, sarebbe la prima volta? |
| ◯ Sì ◯ No | Ha ricevuto le opportune cure mediche? Esiste una documentazione che lo attesti? |
| ◯ Sì ◯ No | Le sue feci hanno una consistenza solida? |

## check list di controllo

**dovreste rispondere tutti "si". Anche un solo "no" merita un'attenta valutazione.**

| | |
|---|---|
| ◯ Sì ◯ No | **Gli occhi sono limpidi e non presentano secrezioni eccessive?** |
| ◯ Sì ◯ No | **Naso e orecchie non presentano secrezioni eccessive?** |
| ◯ Sì ◯ No | **Il mantello è pulito e lucido?** |
| ◯ Sì ◯ No | **Il respiro è regolare, senza tosse e/o sintomi di asma?** |
| ◯ Sì ◯ No | **Alla palpazione, il corpo risulta sodo e privo di zone cedevoli o molli?** |

**Prima di adottare un cane adulto, premuratevi di trascorrere parecchio tempo in sua compagnia, così da conoscerne a fondo la personalità. Come ulteriore garanzia, portatelo dal vostro veterinario di fiducia per fargli fare un check-up. Infine, ricordate che molti dei cani abbandonati nei canili si trovano lì non perché abbiano qualche grave problema, ma per colpa dell'ignoranza o della cattiva volontà dei loro padroni. Una mano sicura e amorevole saprà trasformarli in perfetti animali da compagnia.**

Jack Russell Terrier
MODEL K-9.02

[ Capitolo 2 ]

# Installazione

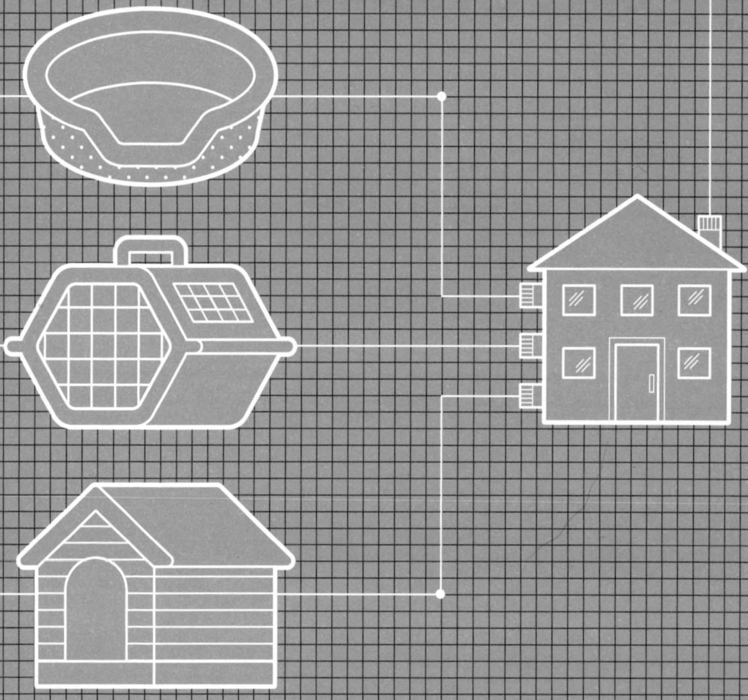

**Mettersi in casa un nuovo cane può rivelarsi un'esperienza entusiasmante, ma anche stressante. Se il vostro modello è un cucciolo è probabile che dobbiate mettere in conto settimane di complesse operazioni di download del software (note anche come "addestramento"), oltre ai tempi di manutenzione richiesti dal suo complicato – e in continua evoluzione – apparato fisico. Anche se, di solito, l'impegno richiesto da un cane adulto non è altrettanto pesante, l'animale avrà comunque bisogno di una presenza che sappia gestirlo con mano ferma fino a quando avrà capito qual è il suo posto nel nuovo ambiente. Perciò è opportuno, se ne avete la possibilità, che restiate in casa con la vostra nuova unità canina, almeno per i primi due o tre giorni.**

# Preparazione della casa

**Prima di portare il cane in casa, è opportuno che prendiate le seguenti precauzioni:**

■ Assicuratevi che tutti i prodotti per l'igiene della casa siano riposti al sicuro, fuori dalla sua portata.
■ Chiudete in un armadietto tutti i medicinali (prodotti come il Motrin e la Tachipirina possono provocare a un cane danni epatici irreversibili).
■ Riponete in un punto fuori dalla sua portata tutti i cibi non autorizzati (il cioccolato, per esempio, può essergli fatale).
■ Mettete sotto chiave tutte le sostanze chimiche tossiche che avete in casa e che magari di solito tenete a portata di mano nel locale lavanderia, nello scantinato o nel garage – in particolare l'antigelo per automobili, il cui sapore

dolciastro attira i cani: se ingerito, anche in piccole dosi, rischia di essere letale.

■ Rendete inaccessibili gli spazi angusti (come l'area dietro al frigorifero) dove un cucciolo o un cane di piccola taglia potrebbe restare incastrato.

■ Posizionate i cavi elettrici in modo che un cucciolo non possa raggiungerli e mangiucchiarli.

■ Se avete una piscina, assicuratevi che il cane non rischi di cascarci dentro.

■ Riponete in un luogo sicuro (almeno per un po') capi di abbigliamento delicati, pezzi di antiquariato e ogni altro oggetto di valore, se volete evitare che vengano rosicchiati o spruzzati di urina.

■ Collocate in punti non raggiungibili dal cane le piante d'appartamento, alcune delle quali (come il filodendro) sono velenose.

# Accessori raccomandati

**I negozi specializzati offrono un'infinità di accessori pensati per migliorare la qualità della vita di un cane, adulto o cucciolo che sia. Anche se gran parte di questi articoli non è strettamente necessaria, molti proprietari di cani scelgono di acquistare i seguenti:**

**Cuccia** Una buona soluzione sono senz'altro quelle imbottite (meglio ancora se con scagliette di legno di cedro, che fungono da repellente per le pulci). Assicuratevi che la fodera esterna possa essere lavata in lavatrice. Evitate le ceste di vimini: ad alcuni cani piace rosicchiarle. Cercate anche di non spendere un sacco di soldi per una cuccia o una brandina ultimo modello se non avete ancora appurato il grado di "distruttività" del vostro cane. Nel frattempo, potrà accontentarsi di una vecchia coperta e/o un cuscino.

**Giocattoli** I cuccioli amano i pupazzetti soffici rivestiti di lana grezza. Gli adulti, invece, prediligono le palle di gomma dura (sceglietene una che sia troppo grande per essere inghiottita o per restargli incastrata in bocca). Evitate di dargli ossi veri (possono frantumarsi) o oggetti come scarpe vecchie: potrebbe farsi l'erronea idea che tutte le scarpe vadano mordicchiate.

**ACCESSORI CANINI** (in vendita separatamente) **Questi prodotti possono**

Ciotola per il cibo | Ciotola per l'acqua | Cibo per cani | Biscotti | Bocconcini

Guinzaglio | Collare | Tasca da passeggio | Raccogli-pupù

Forbici | Tosatore | Shampoo | Antiparassitario | Striglia | Spatola dentata

Cuccia | Casetta da esterno

**facilitare l'installazione, la cura e la manutenzione del vostro cane**

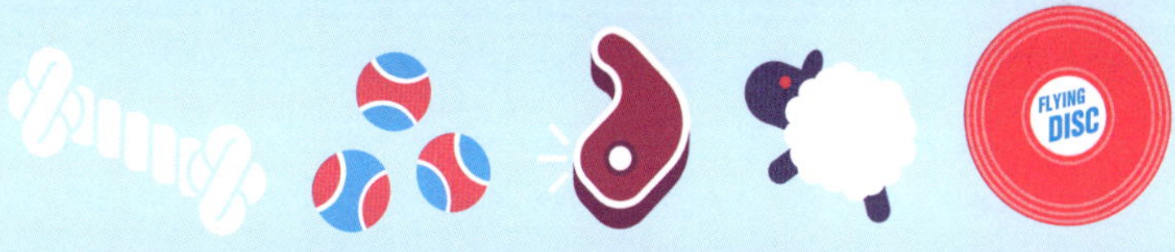


Osso di corda | Palline | Giocattolo sonoro | Pupazzetto | Frisbee

Medaglietta | Fiocchi | Bandana | Poncho da pioggia | Maglioncino

Rastro per sottopelo | Spazzola | Pettine | Guanto gommato | Tronchesino | Polvere emostatica

Cancelletto | Trasportino

**Pettine e/o spazzola** In commercio ne esistono di vari tipi, specifici per modelli a pelo lungo o corto. (Si veda "Manutenzione standard", p.122.)

**Collare/medaglietta** Appena entrate in possesso dell'animale, dotatelo di un collare di pelle o di nylon munito di una medaglietta che riporti (come minimo) il vostro numero di telefono. (Si veda "Metodi di identificazione", p. 73.)

**Guinzaglio** Un articolo indispensabile, che potrete trovare in qualunque negozio di animali. I modelli di nylon hanno il vantaggio di essere più leggeri ed economici di quelli di pelle.

**Ciotole per acqua/cibo** Le migliori sono quelle con i bordi di gomma, di acciaio inossidabile e con base antisdrucciolo. Per i cani di taglia più grossa – o con le orecchie particolarmente lunghe – meglio scegliere ciotole che restino abbastanza sollevate dal pavimento. Alcuni cuccioli potrebbero aver bisogno di un modello "da principianti".

**Trasportino** Un accessorio indispensabile (non solo per il trasporto). Sceglietene uno di plastica resistente agli urti e con la grata di metallo. Dovrebbe essere abbastanza ampio da consentire al cane di girare comodamente di 360° quando è dentro. (Si veda "Addestramento al trasportino", p. 82.)

# Fase introduttiva

**Al suo arrivo, concedete immediatamente al cane (che sarà sicuramente nervoso) l'opportunità di un "break" per fare i suoi bisogni. Poi mostrategli dove sono le sue ciotole e incoraggiatelo a bere. Almeno per il momento, evitate di offrirgli del cibo.**

**Dopo di che, concedetegli parecchie ore per esplorare la casa, sotto la vostra supervisione. In questa fase introduttiva è opportuno evitare, o ridurre al minimo, il contatto con bambini, altri animali ed estranei. Nel caso di un modello adulto, mettete anche in conto qualche regressione comportamentale dovuta allo stress – come fuggire a nascondersi, effettuare scarichi non autorizzati o manifestare un'eccessiva**

**timidezza. Non sgridatelo né rimproveratelo: questi comportamenti anomali scompariranno nel giro di qualche giorno, quando il cane avrà familiarizzato con il nuovo ambiente.**

***LA PAROLA ALL'ESPERTO*** *Per parecchi giorni (o addirittura intere settimane), finché non avrà preso confidenza con la situazione, un soggetto adulto potrebbe dimostrarsi particolarmente schivo e riservato. Via via che comincerà a rilassarsi, affiorerà la sua vera personalità.*

# Interfaccia con bambini

**Una volta che il cane avrà familiarizzato con il nuovo ambiente, potrete procedere con la fase delle presentazioni, facendogli conoscere i membri più giovani della famiglia. Questo processo dovrebbe seguire un protocollo diverso a seconda che il cane in questione sia un cucciolo o un adulto. Le illustrazioni delle pagine 58-59 potranno fornirvi ulteriori suggerimenti.**

## Cucciolo

- I cuccioli tendono a divincolarsi e c'è il rischio che un bambino li lasci cadere (Fig. A, alla pagina seguente). Fate sedere il bambino prima di porgergli il cucciolo (Fig. B).
- Mentre il bambino tiene in braccio il cucciolo (Fig. C) date a quest'ultimo un giocattolo. I cagnolini molto giovani hanno la tendenza a mordicchiare: se hanno un giocattolino a disposizione, risparmieranno ditina e braccini.
- Incoraggiate il bambino a dare da mangiare e da bere al cucciolo (Fig. C); in questo modo faranno amicizia prima. Ricordate però che, alla fine, la cura e la tutela della salute canina spettano soltanto a una persona adulta.
- Non abbandonate la stanza in cui si stanno svolgendo i primi abboccamenti. L'incontro tra un cucciolo di cane e un cucciolo di uomo (1-6 anni) dovrebbero sempre svolgersi sotto la supervisione di un adulto.
- Più o meno dai 10 anni in poi, i bambini dovrebbero essere coinvolti nell'addestramento all'obbedienza del cucciolo.

INTERFACCIA BAMBINO ---> CUCCIOLO
(Fig. A)
IL CUCCIOLO PUÒ DIVINCOLARSI
(Fig. B)
FATE SEDERE IL BAMBINO PRIMA DI PORGERGLI IL CUCCIOLO
(Fig. C)
IL BAMBINO DOVREBBE:
1 Dargli un giocattolo
2 Dargli da mangiare
3 Dargli da bere
4 Sempre sotto la supervisione di un adulto
2
3
4
1

# INTERFACCIA BAMBINO ---> CANE ADULTO

(Fig. D)

DURANTE LE PRESENTAZIONI TENETE IL CANE AL GUINZAGLIO

(Fig. E)

COINVOLGERLO IN GIOCHI NON TURBOLENTI

## Adulto

- Durante le presentazioni iniziali, tenete il cane al guinzaglio. Di primo acchito, un cane di grossa taglia potrebbe percepire un bambino piccolo come una possibile preda (Fig. D alla pagina precedente).
- Esortate i bambini a coinvolgere il cane in giochi sicuri e non turbolenti. In situazioni di questo tipo si rivela particolarmente utile un giocattolo, per esempio una pallina (Fig. E).
- Non permettete ai bambini di disturbare il cane mentre sta mangiando o dormendo.
- I piccoli dovrebbero aspettare che il cane si senta a suo agio insieme a loro prima di strapazzarlo di coccole. Molti cani si sentono minacciati da un'accoglienza così espansiva.
- Bisognerebbe evitare giochi troppo "scatenati" fino a quando il cane avrà familiarizzato con i bambini e fino al momento in cui voi avrete avuto modo di conoscere a fondo la sua personalità (e il suo tasso di aggressività).
- Non lasciate che i bambini gli tirino le orecchie e/o la coda: sono punti in cui il cane è ipersensibile.
- Ogni cane che dovrà avere a che fare con dei bambini dovrebbe ricevere un accurato addestramento alla socializzazione e all'obbedienza.

⚠ ***ATTENZIONE*** *I bambini molto piccoli non dovrebbero mai, per nessun motivo, essere lasciati soli con un cane, nemmeno con uno con cui siano già in confidenza o che non abbia mai manifestato tendenze aggressive.*

# Interfaccia con altri cani

**Introdurre un nuovo cane in una casa in cui ne vive già un altro può risultare impegnativo. I cani devono stabilire una "gerarchia del branco", in cui l'individuo dominante assurge al ruolo di capo. Nel momento in cui vi mettete in casa un secondo o un terzo cane, questa sarà la prima questione da affrontare. La cosa fondamentale è far sì che avvenga nel modo più incruento possibile. Sotto un'attenta supervisione umana, questo spiacevole ma inevitabile aspetto del comportamento canino potrà risolversi senza troppo trambusto.**

INTERFACCIA CANE ---> CANE
FATELI INCONTRARE
SU UN TERRENO NEUTRALE
SEPARATELI IN CASO DI ZUFFA
1 Con acqua se sono cani piccoli
2 Con il guinzaglio se sono cani grossi
3 MAI a mani nude
2
1
3
RISPETTATE LE GERARCHIE DEL BRANCO

[ 1 ] Quando portate a casa il cane "nuovo", assicuratevi che gli altri coinquilini animali siano confinati in un'altra zona, fuori dalla sua vista.

[ 2 ] Lasciate che il nuovo arrivato perlustri la casa per qualche ora: sentirà l'odore dell'altro cane e capirà di non essere solo.

[ 3 ] Fate le presentazioni tra i due, non dentro casa ma su un territorio neutrale (magari il marciapiede di fronte): ciò eviterà che insorgano problemi di ordine territoriale. Entrambi i soggetti andrebbero tenuti al guinzaglio. Nel caso di cani di grossa taglia è opportuno che chiediate a un'altra persona di assistervi durante l'operazione.

[ 4 ] Se vi sembra che i due si tollerino a vicenda, potete riportarli dentro casa, ma non lasciateli mai da soli. Possono volerci settimane o addirittura mesi perché i soggetti interessati sviluppino un rapporto pacifico. Fino a quel momento i loro incontri andranno sempre accuratamente monitorati.

[ 5 ] Se i due non sembrano piacersi, affrettatevi a confinare l'ultimo arrivato e lasciate che l'altro si aggiri per la casa. Dopo di che, invertite i ruoli. Una volta che avranno preso confidenza l'uno con l'altro, lasciateli liberi entrambi e lasciateli interagire (senza però perderli mai d'occhio).

[ 6 ] Se cominciassero ad azzuffarsi, non cercate di separarli a mani nude. Nel caso di modelli di piccole dimensioni si può usare come diversivo qualche schizzo d'acqua. Gli esemplari di grossa taglia andrebbero tenuti al guinzaglio in modo da poterli separare facilmente.

[ 7 ] Per minimizzare il rischio di baruffe, ogni cane deve poter contare sul proprio kit di effetti personali (ciotole, cuccia e trasportino).

[ 8 ] Una volta che tra i vostri cani si sarà stabilito un preciso ordine gerarchico, rispettatelo. Salutate sempre per primo il capo branco quando rincasate (capirete subito di chi si tratta). Questo cane dominante dovrebbe avere la precedenza anche nel ricevere cibo, ricompense e attenzioni.

Sovvertire o ignorare la gerarchia del branco può creare confusione o surriscaldare gli animi.

***LA PAROLA ALL'ESPERTO*** *Un cucciolo tende quasi sempre a sottomettersi a un cane più anziano... anche se il "piccolino" è un Alano e il "grande" è un Chihuahua. Comunque sia, non lasciate che il soggetto più autorevole attacchi o vessi eccessivamente l'ultimo arrivato.*

## Interfaccia con gatti

**Nonostante vada sfatata l'idea che i cani siano necessariamente configurati per dare il tormento ai gatti, è fuori di dubbio che molti sono programmati per dare la caccia a prede di piccole dimensioni. E i gatti – per loro sfortuna – somigliano a queste prede. Prima di fare incontrare la vostra unità canina con un micio, dovrete conoscere con precisione il livello della "pulsione predatoria" del cane. Uno Shih Tzu, per esempio, manifesterà un tasso di istinto venatorio minimo (o, addirittura, inesistente), mentre i modelli da caccia come i Levrieri (allevati per lanciarsi all'inseguimento della selvaggina) e i Terrier (allevati per attaccarla e ucciderla) avranno ben altre reazioni. Per misurare la pulsione predatoria del vostro cane (Fig. C alla pagina seguente) è sufficiente che lanciate all'altro lato della stanza uno dei suoi giocattoli preferiti. Il soggetto potrebbe ignorarlo (livello minimo); andare a raccoglierlo e riportarvelo (livello medio); oppure balzargli sopra aggressivamente per poi scuoterlo con foga, stringendolo tra le fauci (livello alto). Ciò non implica automaticamente che il cane cercherà di far fuori il vostro gatto... ma che potrebbe rendergli la vita molto difficile.**

**Eccovi qualche consiglio per facilitare questo tipo di incontri.**

[ 1 ] Quando portate il cane in casa per la prima volta, confinate il vostro gatto (o i vostri gatti) in un'altra zona. Lasciate al cane il tempo di ambientarsi e di rilassarsi.

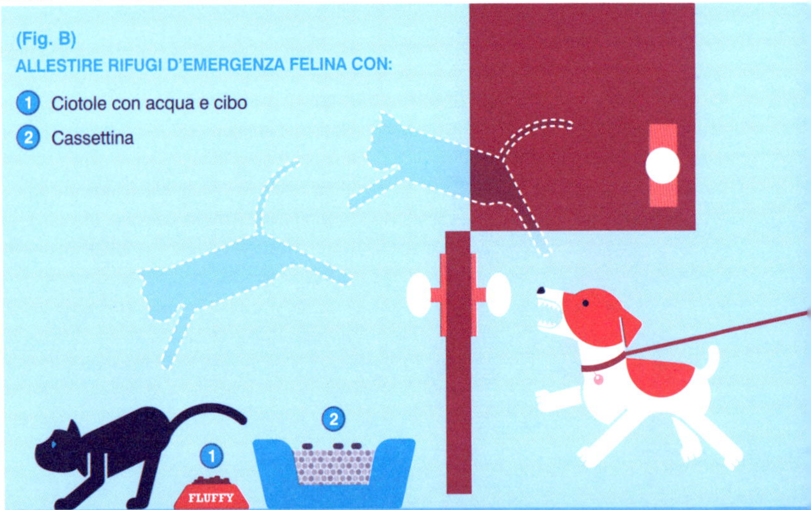


**INTERFACCIA CANE ---> GATTO** Alcuni cani sono programmati per cacciare

Fig. C)
MISURATE LA "PULSIONE PREDATORIA" DEL VOSTRO MODELLO

Fig. D)
MOSTRATE AL CANE CHE IL GATTO VI È CARO

piccole prede, cui i gatti purtroppo somigliano. Siate prudenti nella fase dei primi approcci.

[ **2** ] Quando vi sembra che si sia calmato, dirigete la sua attenzione verso la porta (chiusa) della stanza in cui c'è il gatto. Lasciate che i due si annusino – o addirittura si tocchino – da sotto la porta (Fig. A alla pagina precedente).

[ **3** ] Fateli incontrare vis-à-vis, ma sempre tenendoli attentamente d'occhio. Il cane andrebbe tenuto al guinzaglio. In alternativa, potete mettere il cane nel trasportino e lasciare libero il gatto.

[ **4** ] Nel corso di questa fase introduttiva, offrite al cane un bocconcino – o fategli una carezza – ogni volta che il gatto fa la sua comparsa: comincerà ad associare il felino a qualcosa di positivo.

[ **5** ] Fate in modo che il gatto possa contare su uno scaffale alto o su una stanza con una porta semiapribile, nel caso dovesse battere in ritirata (Fig. B).

[ **6** ] Prendete in braccio e accarezzate il gatto in presenza del cane: capirà che anche l'altro animale vi è caro (Fig. D).

[ **7** ] Collocate la cassettina del gatto in un punto inaccessibile al cane. I cani, talvolta, mangiano le feci feline, un gesto tutt'altro che salutare.

[ **8** ] Disponete per ciascuno dei due, in locali separati, un set di ciotole per l'acqua e per il cibo, e le rispettive cucce: questo luogo si trasformerà nel loro rifugio personale.

***LA PAROLA ALL'ESPERTO*** *Non è raro che un gatto tenti di vessare un cane. In generale, però, a quest'ultimo basta una sonora abbaiata per mettere in chiaro le cose.*

# La prima notte a casa

**Qualunque sia il tipo di lettino che avete scelto per il vostro cane, assicuratevi che sia già in casa all'arrivo dell'ospite. Se il nuovo coinquilino è un cucciolo, sarebbe buona cosa che – almeno per le prime notti – lo**

**lasciaste dormire nella vostra stanza. Ciò per comodità tanto vostra quanto sua: poiché è probabile che durante la notte si metta a "piagnucolare", per confortarlo non avrete neppure bisogno di alzarvi. Ma non fatelo assolutamente dormire sul vostro letto: si verrebbe a creare un precedente difficile da dimenticare.**

**Il cucciolo potrebbe sentirsi rassicurato se gli metterete vicino una borsa dell'acqua calda, oppure se sentirà il ticchettio di una sveglia o il mormorio di una radio tenuta a volume bassissimo. Di notte non gli si dovrebbe permettere un accesso illimitato alla casa. Per evitare scarichi non autorizzati o illeciti smangiucchiamenti, trasferite il suo trasportino nella vostra stanza da letto, chiudete la porta, oppure installate un apposito cancelletto per bambini. Assicuratevi che possa servirsi facilmente della "toilette": qualche foglio di carta di giornale andrà benissimo. Durante queste prime notti, mettete in conto qualche "incidente"... e il fatto di essere svegliati dal suo piagnucolio.** **(Si veda "Addestramento al Trasportino", p. 82.)**

# Selezione del nome

**La scelta del nome da dare al proprio cane è qualcosa di molto personale, tuttavia eccovi qualche consiglio che potrebbe esservi utile.**

- Per i cani è più facile riconoscere le parole polisillabiche piuttosto che i monosillabi, perciò Rover andrà meglio di Spot.
- Ripetete spesso il suo nome (mentre lo coccolate o quando giocate insieme).
- Non pronunciate il suo nome con tono arrabbiato o quando lo sgridate.
- Sceglietene uno che non abbia un suono troppo simile a quello di un comando. Per esempio, "Randy" e "prendi!".
- Se adottate un cane adulto che ha già un nome, lasciategli quello. Anche se voi forse non avreste scelto proprio "Bon Jovi", cambiargli nome non farebbe che creargli un problema di adattamento in più.

***LA PAROLA ALL'ESPERTO*** *Chi sceglie un nome "umano" (Mario, Paola ecc.) per il suo cane, di solito tiene quest'ultimo in altissima considerazione.*

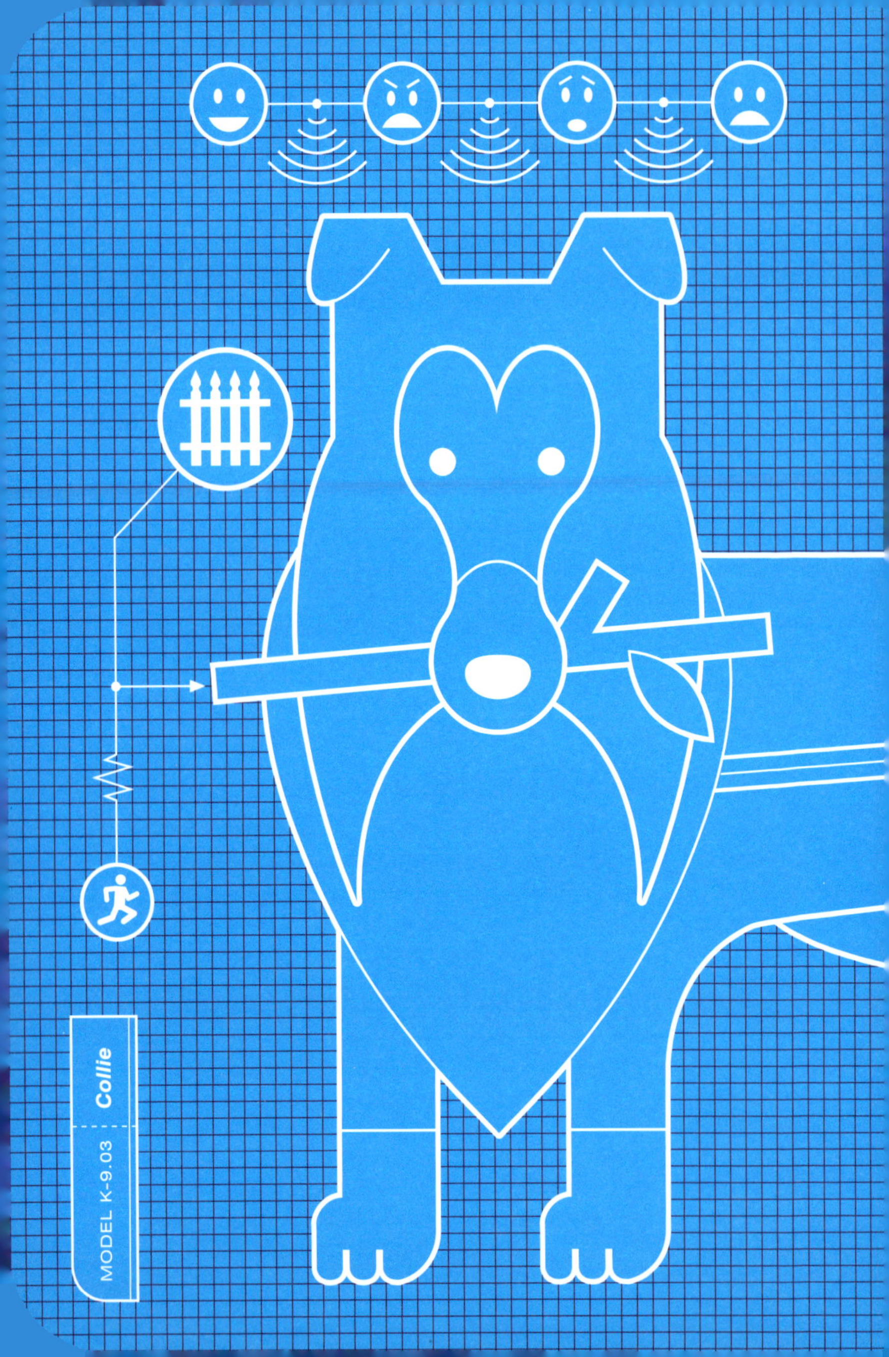
MODEL K-9.03
Collie

[ Capitolo 3 ]

# Interazione quotidiana

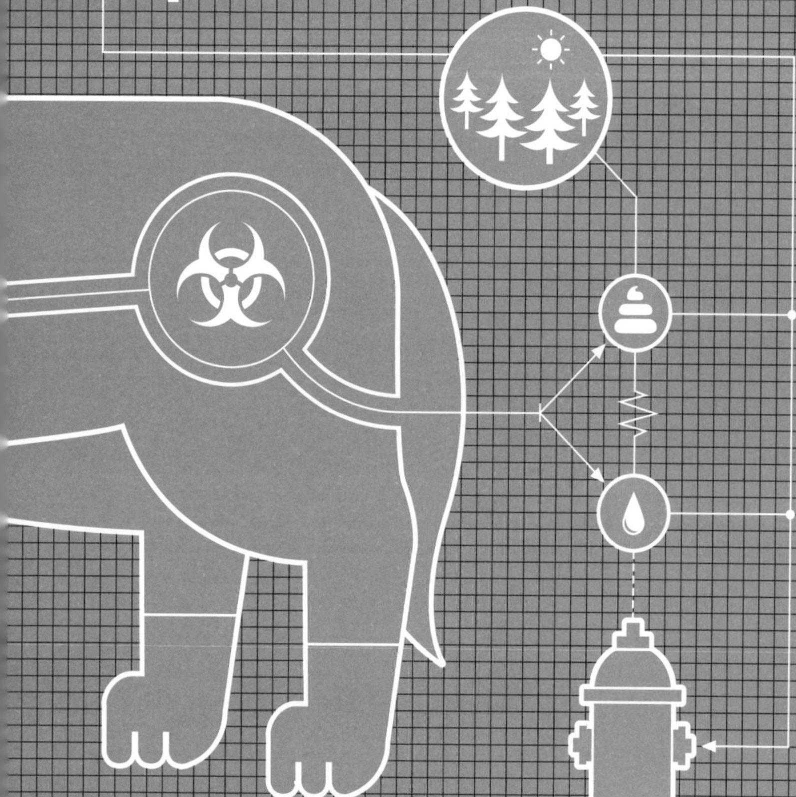

# Segnali acustici e linguaggio del corpo

**La comunicazione acustica canina solitamente si avvale delle seguenti forme di vocalizzazione:**

**Ululato** I lupi ululano per segnalare la propria posizione o comunicare anche a lunga distanza con gli altri membri del branco. Molti cani domestici hanno mantenuto questo tratto comportamentale. Spesso un ululato può essere innescato da stimoli acustici come una sirena della polizia.

**Ringhio** Un tipo di vocalizzazione che spesso segnala aggressività, minaccia e dominanza. Però un cane può anche ringhiare quando gioca. Per "tradurre" correttamente il ringhio basta osservare i segnali corporei che lo accompagnano.

**Borbottio** Spesso usato come forma di saluto nei confronti degli umani o di altri cani. È il corrispettivo del sospiro umano.

**Guaito** Una vocalizzazione che può avere un amplissimo spettro di interpretazioni, che vanno dal dolore alla sottomissione alla felicità di incontrare qualcuno (umano o animale che sia).

**Abbaio** Come l'ululato, può essere utilizzato per attirare l'attenzione, lanciare l'allarme o identificarsi. Un cane ansioso tende ad abbaiare con una tonalità più acuta; un soggetto che intende scoraggiare un'intrusione da parte di un estraneo lo farà in una tonalità più grave. Gli abbai di all'erta possono farsi sempre più frequenti via via che le distanze con l'oggetto in avvicinamento si accorciano.

# LINGUAGGIO DEL CORPO

**I cani spesso manifestano le loro emozioni attraverso il linguaggio del corpo.**

# I cani e la favella umana

I cani non "capiscono" assolutamente la lingua degli umani, però possono imparare ad associare determinati segnali acustici (parole) a specifici comportamenti. Per esempio, anche se un Collie non comprende che "fermo!" è una parola, riesce a istituire una connessione tra questo particolare suono e un'azione ben precisa. Alcuni soggetti sono in grado di immagazzinare dozzine di parole o altri segnali acustici. In realtà, però, più che la parola in sé, ciò che conta è il modo in cui viene pronunciata. I cani capiscono di che umore siete dal vostro tono di voce, perciò dire qualcosa – qualsiasi cosa – con un tono arrabbiato di solito innescherà una reazione di paura o sottomissione. Allo stesso modo, dire "cattivo!" a un cane servendosi di un tono di voce dolce non sortirà l'effetto desiderato.

# Modalità sonno

I cani dormono circa 14 ore al giorno. I modelli anziani o di grossa taglia (come il San Bernardo o il Terranova) tendono a dormire ancora di più. Invece di concedersi una lunga pausa di sonno ininterrotto – come fa la maggior parte degli umani – i cani preferiscono concedersi numerosi sonnellini di varia durata.

Gli schemi del sonno canino rispecchiano quelli umani. Poco dopo essersi addormentati entrano in una fase "di quiete", seguita nel giro di poco tempo da un sonno "attivo", la cosiddetta fase REM (Rapid Eye Movement). In questa fase, i bulbi oculari cominciano a muoversi sotto le palpebre, le zampe si contraggono e il cane potrebbe emettere uggiolii o brontolii. Anche se non ne possiamo avere l'assoluta certezza (dato che i diretti interessati non ce ne possono parlare), sembra proprio che i cani sognino.

***LA PAROLA ALL'ESPERTO*** *Se il vostro cane fatica ad addormentarsi durante la notte, provate ad aumentare le sessioni di gioco/esercizio fisico.*

# Metodi di identificazione

**Il vostro cane dovrebbe indossare sempre il collare con le apposite medagliette identificative, che devono riportare il vostro nome, indirizzo e numero di telefono (di casa e dell'ufficio). Sarebbe opportuno anche dotarlo di una medaglietta in cui – oltre al nome e al numero di telefono del vostro veterinario – si specifica che ha già fatto la vaccinazione antirabbica. In molte zone, tali procedure sono obbligatorie.**

**I cani possono anche essere tatuati o dotati di microchip (il sistema di identificazione permanente preferito dai veterinari). Grande più o meno come un chicco di riso, il microchip viene iniettato con un'apposita siringa nel tessuto sottocutaneo tra le scapole. Tramite uno scanner, il microchip fornisce le informazioni necessarie alla localizzazione. Ricorrono a questo sistema soprattutto i centri di recupero cani smarriti (associazioni di volontariato, canili e cliniche veterinarie). Anche un cane "chippato", comunque, dovrebbe sempre indossare un collare identificativo.**

***LA PAROLA ALL'ESPERTO*** *Se portate il vostro cane in vacanza con voi, aggiornate le sue targhette includendo il vostro recapito telefonico provvisorio.*

**SPECIFICHE DELLE MEDAGLIETTE**

1. Nome del cane
2. Nome del proprietario
3. Contatti
4. Vaccinazioni
5. Veterinario di fiducia

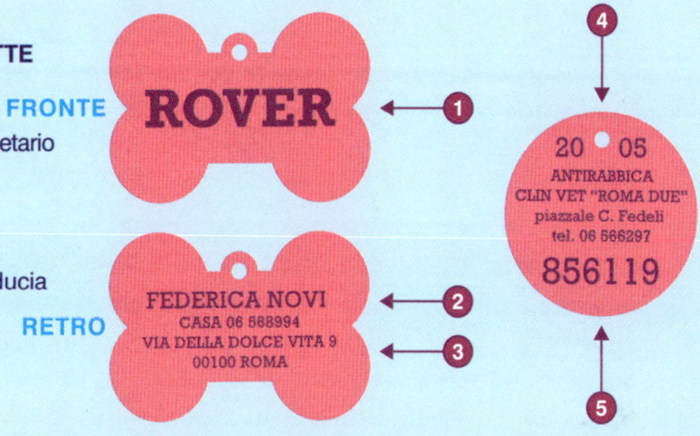

# Esercizio e forma fisica

**Anche il modello più sedentario necessita di una certa quantità di esercizio fisico per mantenersi in forma perfetta. Prima di stabilire la "scheda di allenamento" del vostro cane, valutate i seguenti fattori.**

**Taglia** Per le razze di piccole dimensioni, come il Carlino e il Boston Terrier, un giro dell'isolato equivale a una maratona. In generale, invece, gli animali di taglia più grossa riescono a sostenere passeggiate più lunghe e attività fisiche più intense.

**Resistenza** La durata e l'intensità dell'esercizio fisico che un cane è in grado di "reggere" dipendono dal suo corredo genetico. Alcuni modelli, tra cui gli Husky e la maggior parte dei Terrier, furono selezionati proprio per la loro tempra d'acciaio, dunque possono correre e giocare per lunghissimi periodi di tempo. Altri sono stati messi a punto per determinati tipi di esercizio fisico. Il Greyhound (Levriero), per esempio, è in grado di correre ad altissima velocità, ma solo su brevi distanze (dunque sarebbe piuttosto "scarso" come compagno di jogging). Modelli come il Pointer Inglese e il Vizsla, invece, sono già configurati per coprire lunghe distanze.

**Equipaggiamento fisico** Parecchie razze, a causa del loro stesso design, devono fare i conti con alcuni svantaggi fisici. Il muso "schiacciato" di alcuni modelli, per esempio – come il Boxer, il Carlino e il Bulldog – hanno capacità respiratorie al di sotto della media, e dunque una minore resistenza agli sforzi. L'attività fisica di questi cani dovrebbe limitarsi a sforzi brevi. Inoltre, alcuni modelli sono soggetti a problemi ortopedici (come la displasia delle anche) che possono essere aggravati da un eccesso di attività fisica. Il veterinario saprà comunque consigliarvi l'allenamento più consono al vostro cane.

**Condizioni meteorologiche** Anche la lunghezza del pelo gioca un ruolo nella quantità di esercizio fisico che un cane è in grado di sostenere. Durante l'inverno i modelli con un mantello sottile tollerano meno l'esposizione al freddo di quanto facciano quelli con un pelo più folto, come il Samoiedo e il Pastore dei Pirenei. Nei mesi estivi, invece, accade il contrario: un mantello più "leggero" consente di tollerare meglio il caldo. In generale, però, sono soprattutto i cani di grossa taglia ad avere problemi di surriscaldamento.

⚠ ***ATTENZIONE*** *Durante i periodi di caldo intenso e di forte umidità, siate molto prudenti se il vostro modello appartiene a una razza con il "muso schiacciato": l'incapacità di disperdere il calore durante attività fisiche che per un altro cane sarebbero normali potrebbe essere fatale.*

**Forma fisica** Come gli umani, anche i cani possono avere qualche problema di linea o di resistenza fisica. Far correre per 3 km filati un cane solitamente sedentario rischia di provocargli disturbi ortopedici (oltre ad altri problemi). Piuttosto, cercate di potenziare le sue capacità in modo graduale – nell'arco di settimane –, possibilmente con un minimo di esercizio fisico quotidiano. Un cane "pigro" può essere rimesso in forma con passeggiate – da 20 a 60 minuti – cinque giorni alla settimana. Anche il nuoto è un'ottima soluzione, perché non vengono sovraccaricate troppo le articolazioni. Prima di dare il via a un qualunque piano "atletico" per un cane sovrappeso, anziano e/o invalido, parlatene con il veterinario.

⚠ ***ATTENZIONE*** *Per fare contento il padrone, un cane può persistere in una attività fisica che va al di là della sua soglia massima di resistenza e ciò rischia di metterne a repentaglio l'intero sistema meccanico. Tenete monitorato il vostro cane e sospendete l'attività ai primi segni di grave affaticamento.*

## Giocare a "Prendilo!"

**Lanciare un oggetto al cane per farselo riportare è sicuramente un grande classico, però è importante ricordare che non tutti i cani sono programmati per partecipare a questo gioco. Alcune razze non sono particolarmente "reattive"... ovvero non sono affatto rapite dai volteggi di una palla, un bastone o un frisbee. I Terrier, i cani da pastore e i Retriever (non a caso, sono detti "cani da riporto"), però, ne vanno pazzi e dunque è facile insegnare loro come funziona. Come prima cosa,**

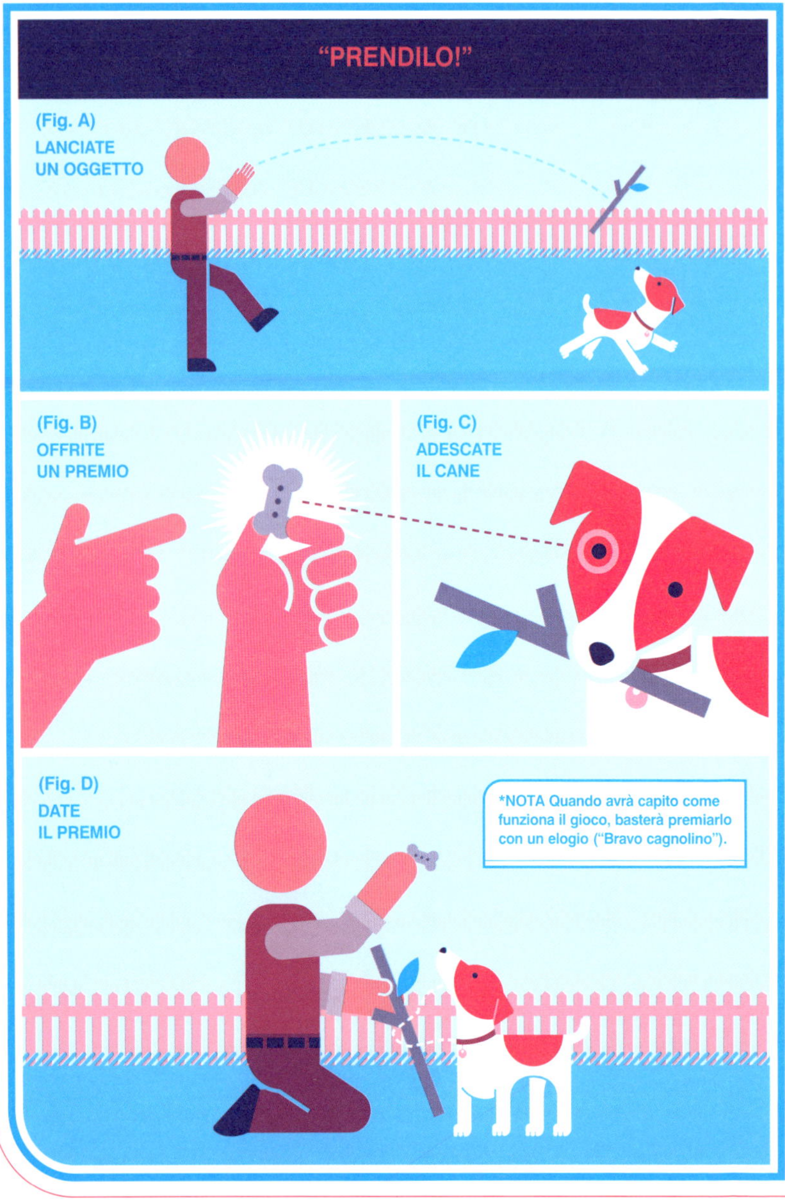
"PRENDILO!"
(Fig. A)
LANCIATE
UN OGGETTO
(Fig. B)
OFFRITE
UN PREMIO
(Fig. C)
ADESCATE
IL CANE
(Fig. D)
DATE
IL PREMIO
*NOTA Quando avrà capito come funziona il gioco, basterà premiarlo con un elogio ("Bravo cagnolino").

**lanciate l'oggetto (Fig. A). Una volta che il cane l'ha raggiunto e preso in bocca, mostrategli un bocconcino (Fig. B) per invogliarlo a tornare verso di voi (Fig. C). Dategli il premio solo quando avrà lasciato cadere l'oggetto nella vostra mano (Fig. D). Ripetete l'operazione finché avrà capito l'antifona. Nel giro di poco potrete usare come premio parole di elogio (e/o un altro lancio).**

# Protocollo di confinamento

**I cani dovrebbero sempre poter contare su un'area di verde in cui fare un po' di esercizio fisico e/o "scaricarsi" in tutti i sensi. Ecco alcuni suggerimenti per rendere il vostro giardino più sicuro e a misura di cane.**

**Steccato** Il metodo standard. Assicuratevi che il cane non possa infilarsi – o ricavarsi un varco scavando – sotto lo steccato. Dotatelo anche di un cancelletto con una serratura robusta per evitare il rischio di intrusioni esterne.

**Barriere invisibili** Questi "steccati" virtuali sono, di fatto, linee elettriche che delimitano il perimetro della vostra proprietà. Quando il cane si avvicina troppo, il collare comincia a emettere un segnale d'allarme o, addirittura, – se il soggetto tenta di oltrepassare questa barriera invisibile – una fastidiosa scarica elettrica. A differenza di quanto accada con le recinzioni tradizionali, il cane non può aprirsi un varco. Tuttavia, un cane molto grosso o agitato potrebbe scappare comunque, semplicemente ignorando la scarica elettrica. Inoltre, questo tipo di soluzione non impedisce l'ingresso nella proprietà a persone e/o animali non autorizzati.

**Catena** Usatela soltanto se non disponete di un giardino adeguatamente recintato e desiderate che il cane si svaghi un po' all'aria aperta. In tutti gli altri casi, lasciarlo fuori da solo legato alla catena sarebbe un atto di crudeltà.

**Recinto** Una piccola area recintata del giardino in cui potreste anche collocare la "casetta" del cane. Non confinatelo mai in un recinto troppo a lungo. Essendo ristretta, quest'area va tenuta sempre accuratamente pulita.

**PROTOCOLLO DI CONFINAMENTO** Il tipo di soluzione dipende

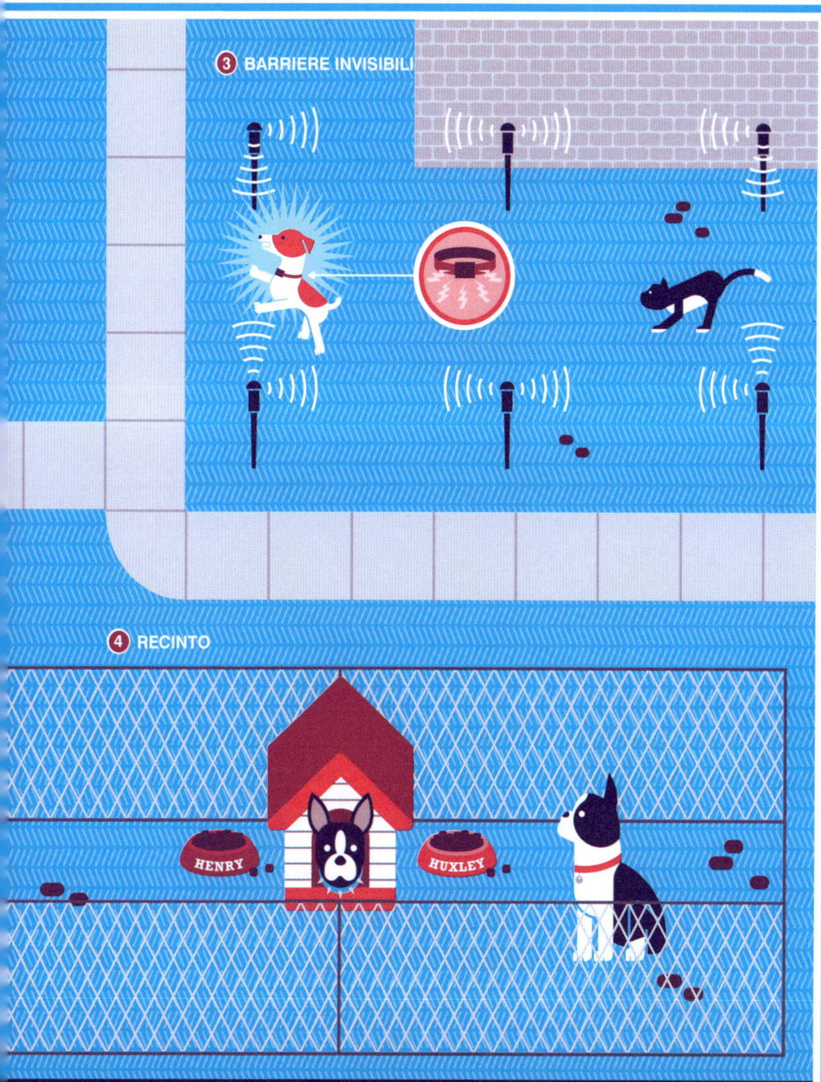


dalle specifiche condizioni ambientali e dalle esigenze di esercizio fisico del vostro modello.

⚠ ***ATTENZIONE*** *Se il vostro cane è abituato a vivere al coperto, non lasciatelo fuori, in balia di se stesso, per lunghi periodi di tempo: potrebbe sviluppare gravi disturbi emotivi, accumulare molta sporcizia e/o farsi del male.*

## Stoccaggio esterno

**Molte unità canine possono adattarsi a uno stoccaggio all'aperto, a patto che dispongano di un adeguato equipaggiamento: una "casetta" con un'entrata non a contatto diretto con il terreno e che sia abbastanza ampia da permettere al cane di cambiare facilmente posizione o girarsi quando è dentro. Va posta in un luogo ombreggiato all'interno di uno spazio protetto (un giardino con uno steccato o un apposito recinto) e avere sul fondo uno strato di paglia o di altro materiale che permetta all'animale di dormire al caldo durante l'inverno. Non deve mai mancare una ciotola di acqua fresca.**

**Attenzione, però: secondo molti esperti, un prolungato stoccaggio esterno può inficiare le prestazioni del prodotto. I cani vogliono vivere con il loro branco (nel caso specifico, voi e la vostra famiglia) e il fatto di essere confinati all'aperto può essere visto come una punizione. Inoltre, le unità tenute all'esterno – avendo contatti umani meno frequenti – tendono ad avere problemi di socializzazione. Con un appropriato addestramento e le dovute precauzioni anche i cani di grossa taglia possono essere tenuti all'interno.**

**SPECIFICHE DELLA "CASETTA"**

1. Entrata sollevata dal terreno
2. Spazio per ruotare di 360°
3. Posta all'ombra
4. In un'area recintata
5. Strato isolante (d'inverno)
6. Ciotola dell'acqua

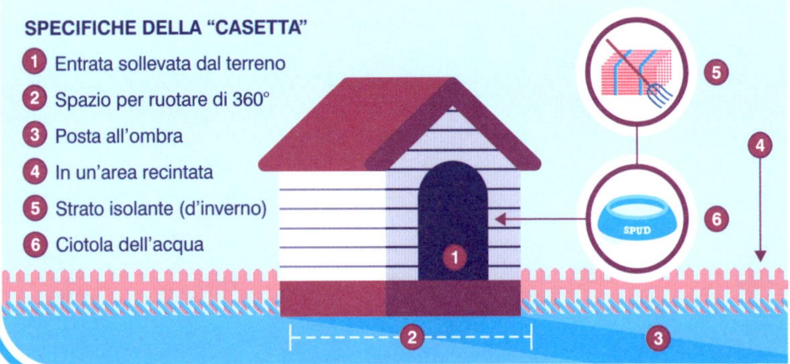

# Smaltimento scorie

**Sebbene i cani siano generalmente considerati prodotti che "fanno bene al cuore", non bisogna mai dimenticare che sono anche in grado di produrre una prodigiosa quantità di scorie tossiche. Qui di seguito troverete utili consigli per gestire in modo sicuro il problema dello smaltimento scorie.**

## Addestramento al trasportino

**Si tratta di un metodo molto praticato soprattutto quando si ha a che fare con i cuccioli, perché - se impiegato correttamente - insegna loro quando e dove "scaricarsi". Il trasportino ha anche il vantaggio supplementare di offrire all'animale un rifugio comodo e sicuro... un rifugio che il padrone potrà trasferire dove meglio crede. Tale tecnica funziona perché i cani sono già configurati in modo da non sporcare il luogo in cui dormono. Se eseguito nel modo giusto, questo genere di addestramento consente di programmare il cucciolo a "tenerla" fino a quando non verrà fatto uscire dal trasportino.**

⚠ ***ATTENZIONE*** *Il trasportino non è concepito allo scopo di ospitare il cane per lunghi periodo di tempo. I cuccioli non devono restarci dentro per molto. Se il cane dovesse sporcare il suo trasportino anche una sola volta, ciò resetterà all'istante tutti i progressi nel training compiuti fino a quel momento.*

[ **1** ] Procuratevi un trasportino di materiale plastico resistente agli urti e con la grata di metallo. Non sceglietene uno troppo grande, ma che lo sia abbastanza da consentire al cane di mettersi comodo: è un luogo per schiacciare un pisolino, non una "stanza dei giochi" o un box.

[ **2** ] Stendete sul fondo del trasportino una piccola coperta o un asciugamano morbido. Come tocco finale, aggiungete un paio di giocattoli.

[ **3** ] Incoraggiate il cucciolo a fare i suoi bisogni prima di entrare dentro al trasportino.

# ADDESTRAMENTO AL TRASPORTINO

## COSE DA SAPERE

1. Deve essere abbastanza grande da consentirgli di ruotare di 360°
2. Va dotato di una copertina
3. Aggiungere un paio di giocattoli
4. Fargli fare i bisognini
5. Togliergli il collare
6. Elogiarlo se ubbidisce

[ 4 ] Lasciatelo dentro per un po'. Per fare in modo che associ questa "reclusione" a qualcosa di positivo, dategli un biscotto. Restategli accanto fino a quando si sarà messo comodo. Per evitare che resti impigliato da qualche parte, prima di farlo entrare nel trasportino toglietegli il collare.

[ 5 ] Non fatelo mai uscire finché abbaia: liberatelo solo quando avrà smesso di farlo.

[ 6 ] Abituate il cucciolo ad andare nel trasportino per fare una pennichella o nei suoi momenti di relax. Durante il giorno, comunque, non dovrebbe mai restarci per più di 4 ore filate.

***LA PAROLA ALL'ESPERTO*** *Come regola generale, per calcolare la quantità di ore che un cucciolo può trascorrere nel trasportino basta aggiungere 1 al numero dei suoi mesi di età. Per esempio, un cagnolino di 2 mesi potrà starci al massimo 3 ore (con almeno una pausa per "andare in bagno").*

[ 7 ] Durante la notte il cucciolo dovrebbe dormire dentro al trasportino, ma ricordatevi che probabilmente avrà bisogno di uscire per fare i suoi bisognini almeno una volta.

[ 8 ] Appena lo avrete liberato, dategli l'opportunità di scaricarsi. Se lo farà, elogiatelo e concedetegli di fare un giretto per la casa. Se invece non lo fa, rimettetelo nel trasportino e riprovate dopo 10-15 minuti.

***LA PAROLA ALL'ESPERTO*** *È necessario dare al cucciolo frequenti opportunità di scaricarsi: appena si sveglia alla mattina; dopo ogni pasto; dopo ogni pisolino; dopo sessioni di gioco particolarmente intense; prima di "andare a letto" (e durante la notte, se sembra agitato). Quando gli fate fare la passeggiata, uscite sempre dalla stessa porta e accompagnatelo sempre nel medesimo punto.*

[ 9 ] I cuccioli possono essere "svezzati" dal trasportino intorno ai 5 o 6 mesi d'età, quando si saranno guadagnati la fiducia del padrone. In ogni caso,

questo accessorio potrà sempre restare il loro rifugio personale. Ciò renderà anche più agevoli le operazioni di trasporto, dato che potrete trasferire dove meglio credete questo "nido" in cui il cane si sente protetto e al sicuro.

## Abitudini igieniche

**Anche a un cane adulto appena adottato potrebbe servire un "ripasso" in materia di smaltimento scorie. Quando avete l'impressione che il vostro modello abbia bisogno di scaricarsi, accompagnatelo fuori e fermatevi davanti al punto che secondo voi dovrebbe cominciare a usare regolarmente (Fig. A). Per evitare che si allontani troppo, sarebbe meglio tenerlo al guinzaglio. Se utilizza il punto desiderato, elogiatelo calorosamente (o dategli un bocconcino premio). Dopo di che, tenete sempre d'occhio il cane e scortatelo al solito posto ogni volta che vi pare ce ne sia bisogno. Rimuovete regolarmente le feci dall'area in questione. Il cane non dovrebbe mai visitare quel punto a suo piacimento (le passeggiate per fare i bisognini devono avere un'estrema regolarità).**

## Scarichi non autorizzati

**Poiché i cani tendono a tornare sul "luogo del delitto" ogni eventuale deposito di urina va immediatamente rimosso (per cancellare ogni traccia di marcatura territoriale). In commercio esistono molti prodotti specifici per eliminare macchie e odori persistenti. Una miscela fatta in casa con acqua e aceto – in parti uguali – rimuoverà l'odore di urina (Fig. B), ma non quello degli escrementi solidi.**

***LA PAROLA ALL'ESPERTO*** *Non sgridate un cane (soprattutto un cucciolo) se fa la pipì in casa (Fig. C). Il rinforzo negativo non funziona assolutamente in questo genere di addestramento. A meno che cogliate il cane in "flagranza di reato", ovvero mentre sta urinando sul tappeto o sul divano (Fig D), non saprà associare la punizione allo scarico non autorizzato. Ricordatevi che, spesso, gli incidenti di questo tipo possono essere imputati solamente alla disattenzione del padrone.*

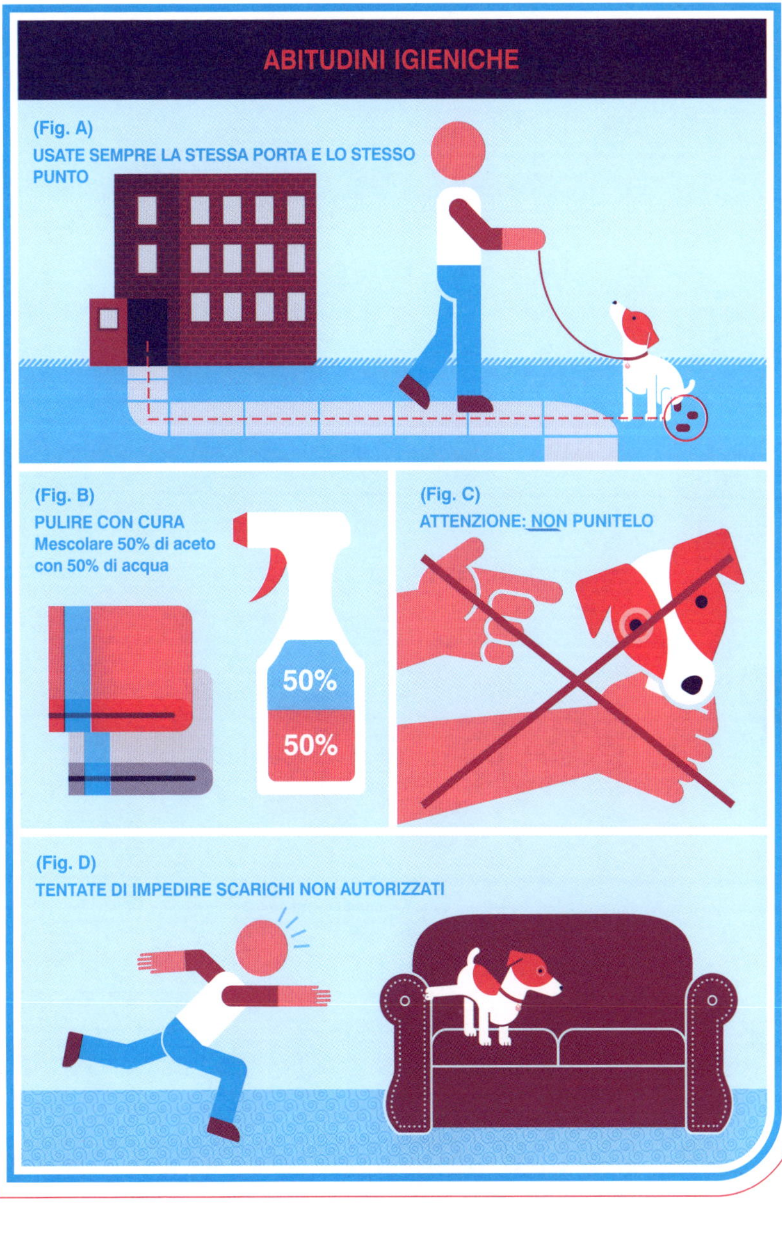
ABITUDINI IGIENICHE
(Fig. A)
USATE SEMPRE LA STESSA PORTA E LO STESSO PUNTO
(Fig. B)
PULIRE CON CURA
Mescolare 50% di aceto con 50% di acqua
50%
50%
(Fig. C)
ATTENZIONE: NON PUNITELO
(Fig. D)
TENTATE DI IMPEDIRE SCARICHI NON AUTORIZZATI

Boston Terrier
MODEL K-9.04

[ Capitolo 4 ]

# Programmazione di base

# Panoramica sul software preinstallato

**Tutti i cani sono configurati con una vasta gamma di programmi preinstallati. Sebbene il loro sistema operativo sia molto simile a quello utilizzato dal loro cugino selvaggio – il lupo –, il software ha subito importanti modifiche allo scopo di renderlo più compatibile con lo stile di vita degli esseri umani. Ecco alcuni elementi chiave.**

**Socializzazione** Essendo stati progettati per un modello di vita gregario, i cani sono estremamente sensibili agli stati d'animo dei loro compagni di branco – ovvero voi e la vostra famiglia. Ecco perché è così importante che un cucciolo entri in contatto con la sua nuova famiglia nella settima-ottava settimana di vita: è il periodo in cui i piccoli sono più ricettivi all'imprinting.

**Dominanza** La struttura del branco è fortemente gerarchizzata: al vertice si colloca il capo (individuo "alfa") che, in quanto figura dominante, gode di numerosi privilegi rispetto ai suoi sottoposti. Se volete beneficiare al massimo di questo software, dovrete fare in modo di imporvi come soggetto "alfa". (Si veda "Affermazione di Dominanza" alla pagina accanto.)

**Caccia** Questo decisivo tratto comportamentale del lupo è stato modificato significativamente. Nelle razze da pastore, per esempio, la pulsione a uccidere le prede è stata gradualmente soppressa (tramite l'allevamento selettivo), mentre è stata enfatizzata quella di non perderle d'occhio un istante. Molti comportamenti canini (mordere i calcagni, rincorrere gli oggetti in movimento) sono una reminiscenza degli antichi istinti predatori.

**Territorialità** I cani sono programmati per sorvegliare e difendere il territorio. In molti casi ciò si tradurrà nella difesa della vostra casa e (spesso) del vostro giardino. Alcune unità canine possono dimostrarsi miti nei confronti di un estraneo (umano o animale) incontrato su un territorio neutrale ma manifestare un'estrema aggressività se incontrano il medesimo soggetto su quello che considerano il loro territorio.

**Marcatura territoriale** Come i lupi, i cani marcano i confini del loro dominio attraverso l'urina e le feci. Per quanto possa sembrare strano, tale comportamento facilita notevolmente l'addestramento alle abitudini igieniche domestiche. Dal momento che tendono a marcare ripetutamente il medesimo punto, vi basterà scegliere l'area del giardino che volete che il vostro cane utilizzi come "toilette". Dopo avere utilizzato più volte la stessa area per avviare le procedure di scarico, l'unità canina aggiornerà le sue preferenze interne e la memorizzerà per sempre.

# Affermazione di dominanza

**Se il cane che avete appena adottato è un cucciolo, sarà quasi automatico che vi riconosca – una volta per tutte – come un suo superiore. Il fatto che siate voi a fornirgli il cibo, spesso, rinforzerà la vostra supremazia anche agli occhi di un cane adulto. Tuttavia, gli esemplari di alcune razze particolarmente assertive (Jack Russell, Dobermann, Akita), talvolta, tentano di sovvertire l'ordine costituito. Tale fenomeno può manifestarsi in modi molto interessanti: il cane potrebbe ringhiare o tentare di mordervi se cercate di farlo scendere dal vostro letto; difendere aggressivamente la sua ciotola della pappa; o anche rifiutare di concedervi il diritto di "precedenza" nella viabilità domestica. Tali atti di insubordinazione vanno affrontati con la massima tempestività, prima che si aggravino ulteriormente.**

## Risoluzione di problemi di dominanza

- Se un cane ha qualche problema con un particolare membro della sua famiglia umana, è bene che il compito di dargli da mangiare passi proprio alla persona che l'animale tenta di prevaricare. Nel momento in cui si accorgerà qual è la fonte di "erogazione" del cibo, si sottometterà senza fare storie.
- Un cane che si alza sulle zampe posteriori per appoggiarvi quelle anteriori sul petto o sulle spalle, e vi guarda dritto negli occhi, sta cercando di dominarvi. Non permettetegli un comportamento di questo tipo.
- Se un cane vuole un bocconcino o un giocattolo, esigete che faccia qualcosa in cambio (per esempio che obbedisca a un comando) prima di concederglielo. Ciò contribuisce a rafforzare la catena gerarchica.

**SOFTWARE PREINSTALLATO** Il cane è già configurato con

numerosi software di default.

■ Tra i numerosi vantaggi dell'essere il soggetto dominante del branco rientra il "diritto di precedenza": i membri che occupano un gradino più basso della scala sociale devono cedergli il passo. Per questo motivo, se il vostro cane vi ostruisce il passaggio, non cambiate strada: è lui che deve sloggiare.

■ Se vi sembra che il vostro cane abbia sviluppato qualche problema di dominanza con un bambino, chiedete subito il parere di un veterinario e/o di un addestratore professionista.

# Opzioni di addestramento (programmazione supplementare)

**Gli amanti del "fai da te" possono installare da soli i seguenti programmi supplementari, i padroni principianti, o meno intraprendenti, dovrebbero prendere in considerazione l'idea di iscrivere il loro cane a un corso all'obbedienza.**

## Socializzazione

**Un cucciolo dovrebbe imparare a entrare in contatto con persone e animali nuovi senza manifestare paura o aggressività. Uno dei modi migliori per ottenere questo risultato è fargli conoscere molta gente nuova. Tali sessioni di socializzazione devono essere esperienze tranquille e di breve durata in cui il piccolo verrà preso in braccio e accarezzato, ma potrà ritirarsi quando sarà stanco. Un'altra buona idea è fargli conoscere altri cani (sempre sotto la vostra supervisione), ma solo se il vostro cucciolo è a posto con tutte le vaccinazioni. Potreste anche iscriverlo a un corso di socializzazione in cui – in condizioni controllate – avrà modo di interagire con altri cani e persone nuove.**

## Addestramento al guinzaglio

**Un cucciolo può cominciare a prendere confidenza con il guinzaglio molto tempo prima di essere abbastanza grande per tentare una "pas-**

**seggiata" vera e propria. Attaccategli al collare un guinzaglio leggero e lasciatelo gironzolare per il giardino trascinandoselo dietro (ma non perdetelo d'occhio). Dopo un po', prendete in mano il guinzaglio e, con nonchalance, fate "passeggiare" il cane: non dovete tentare di guidarlo in una direzione specifica, per il momento è sufficiente che l'oggetto gli diventi familiare.**

**Una volta che il cane avrà fatto tutte le vaccinazioni (si veda Capitolo 8 p.144), potrete cominciare con le passeggiate vere e proprie. Portatelo in una zona che sia priva di distrazioni (altri cani, bambini e/o animaletti selvatici). Mettetegli il guinzaglio e cominciate a camminare. Ogni volta che il cane inizia a "tirare", fermatevi. Aspettate fino a quando avrà smesso di tirare, poi elogiatelo e rimettetevi in marcia.**

**Ripetete questo procedimento il numero di volte necessario. Se il vostro cucciolo continua a dare degli strappi al guinzaglio, potete dirgli "no" con un tono di voce severo, ma ricordatevi che l'unico metodo veramente efficace per addestrarlo si fonda su pazienza e perseveranza.**

***LA PAROLA ALL'ESPERTO*** *Le sessioni di obbedienza andrebbero tenute due volte al giorno, ma non dovrebbero durare più di 5 o 10 minuti, per evitare che il cane si annoi.*

***ATTENZIONE*** *Nella fase di addestramento, meglio evitare collari pesanti o troppo stretti: possono essere molto pericolosi, soprattutto per i cani di taglia più piccola. Se il vostro cane tirasse eccessivamente, comprategli un guinzaglio "a cavezza", che esercita pressione sulle spalle, non sulla gola.*

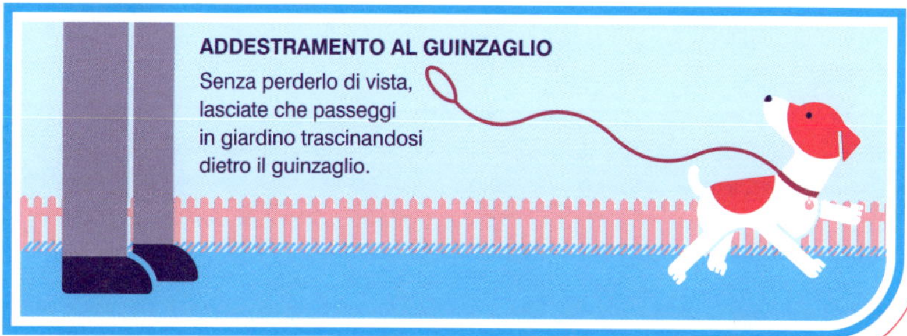

## "Seduto!"

[ 1 ] Cominciate l'addestramento dentro casa. La stanza deve essere priva di distrazioni.

[ 2 ] Chiamate il cane, poi mostrategli un bocconcino tenendolo in modo che rimanga con il naso in su (Fig. A). Spostate il bocconcino sempre più indietro sopra la sua testa fino a quando, spontaneamente, si sarà abbassato fino ad assumere la posizione seduta (Fig. B).

[ 3 ] Quando il cane si siede, lodatelo e dategli il bocconcino.

[ 4 ] Ripetete l'esercizio, questa volta dicendogli: "seduto!".

[ 5 ] Una volta che avrà imparato il nuovo comando, provate ad allenarlo in un ambiente con un tasso di distrazioni più alto (giardino, marciapiede ecc.).

## "Resta!" (o "Fermo!")

[ 1 ] Ordinate al cane di sedersi.

[ 2 ] Una volta che si è messo in posizione seduta, ditegli: "resta!" (Fig. C), poi aspettate 2 secondi prima di elogiarlo e/o dargli un bocconcino premio. Assicuratevi che, nel frattempo, rimanga seduto. Ripetete il numero di volte necessario.

[ 3 ] Una volta che avrà imparato a padroneggiare questa fase, ripetetegli di stare fermo e poi indietreggiate di qualche passo mentre il cane rimane seduto (Fig. D). Aspettate 2 secondi prima di premiarlo.

[ 4 ] Via via che il cane prende familiarità con l'operazione, rendete più difficile l'esercizio aggiungendo elementi di distrazione (magari mettetevi a correre o fate qualcosa di strano) (Fig. E). Contemporaneamente, allungate l'intervallo tra il comando e il premio. Non passate allo step successivo finché il cane non avrà imparato bene il precedente.

## COMANDI DI ATTIVAZIONE VOCALE: "SEDUTO!" E "RESTA!"

(Fig. A)

TENETE UN BOCCONCINO SOPRA IL CANE

(Fig. B)

SPOSTATELO IN MODO CHE IL CANE SI METTA IN POSIZIONE SEDUTA

(Fig. C)

DATEGLI IL COMANDO "RESTA!"

(Fig. D)

ALLONTANATEVI SEMPRE DI PIÙ

(Fig. E)

COMPLICATE L'ESERCIZIO CERCANDO DI DISTRARRE IL CANE

COMANDI DI ATTIVAZIONE VOCALE: "PIEDE!"
(Fig. A)
FATE SEDERE IL CANE
SEDUTO!
(Fig. B)
DATEGLI IL COMANDO "PIEDE!"
ROVER
PIEDE!
(Fig. C)
COMINCIATE A CAMMINARE
(Fig. D)
RIPETETE IL COMANDO "PIEDE!"
ROVER
PIEDE!

[ 5 ] Aumentate gradualmente le durata del tempo in cui il cane deve stare fermo e la distanza che vi separa.

[ 6 ] Scegliete una parola o una frase – qualcosa del tipo: "Okay, vai!" – per far capire al cane che non è più necessario che stia fermo. Dovrebbe imparare a muoversi solo quando sente quel comando.

## "Piede!"

**Questo importante perfezionamento nel protocollo del guinzaglio insegna al cane a trotterellarvi di fianco mentre passeggiate, mantenendo il vostro passo, senza lasciarsi distrarre da altre cose.**

[ 1 ] Reggete il guinzaglio con la mano destra, accorciandolo quanto basta perché il cane vi resti vicino (dovrebbe stare alla vostra sinistra).

[ 2 ] Fatelo mettere seduto (Fig. A).

[ 3 ] Tenendo un bocconcino nella mano sinistra, portatelo all'altezza del naso del cane, poi dite il suo nome seguito dal comando "piede!" (Fig. B).

[ 4 ] Camminate per un breve tratto, sempre tenendogli il bocconcino davanti al naso (Fig. C).

[ 5 ] Quando vi fermate, dite il nome del cane, seguito dal comando "piede!", e alzate il bocconcino in modo che il cane si metta seduto (Fig. D).

[ 6 ] Dategli il premio, poi ripetete l'operazione fino a quando il cane vi camminerà sempre accanto, sia quando è al guinzaglio sia quando non lo è.

⚠ ***ATTENZIONE*** *Questo tipo di addestramento non può assolutamente sostituire il guinzaglio, che va sempre usato nei luoghi pubblici.*

# "Qui!" (o "Vieni!")

[ **1** ] Chiedete a un amico o a un familiare di assistervi. Le due persone devono sedersi ai lati opposti della stanza e poi cominciare a chiamare a turno il cane, dicendo "qui!" con un tono di voce invitante e allegro (Fig. A.)

[ **2** ] Cercate di "corrompere" il cane con bocconcini e/o paroline dolci: fate in modo che l'idea di arrivare quando viene chiamato sia la più allettante possibile.

[ **3** ] Più tardi, quello stesso giorno, chiamate il cane in modo "random", anche se si trova a pochi metri da voi in un'altra stanza. Quando lo vedete arrivare, elogiatelo calorosamente (o dategli un biscotto).

[ **4** ] Una volta che avrà imparato a raggiungervi appena lo chiamate, mettetegli un guinzaglio lungo e trasferite le sessioni di addestramento all'aperto (Fig. B). Portatelo a fare una passeggiata, lasciando che si allontani abbastanza da voi (ma sempre tenendolo al guinzaglio). Chiedetegli di tornare verso di voi e, appena lo fa, elogiatelo e premiatelo. Se, invece, vi ignora, date uno "strappo" al guinzaglio, ma sempre chiamandolo con un tono di voce gentile. Quando, finalmente, si degnerà di arrivare, lodatelo e premiatelo generosamente. Ripetete l'operazione parecchie volte.

[ **5** ] Una volta che il cane vi sembrerà perfettamente addestrato, passate alla fase successiva utilizzando un guinzaglio più lungo e ripetete lo step 4.

[ **6** ] Poi, provate l'esercizio togliendogli il guinzaglio in un'area recintata (Fig. C). Se si rifiuta di arrivare quando lo chiamate, non insistete: sedetevi per terra o fate qualcosa di insolito (ma non minaccioso) che gli faccia venire voglia di avvicinarsi, spinto dalla curiosità. Quando arriva, rimettetegli il guinzaglio. Prima di riprovare l'esercizio nella versione difficile (ovvero senza guinzaglio), "ripassate" lo step 4. Vedrete che, con un po' di pazienza, imparerà.

[ **7** ] Nella mente del cane il comando "qui!" (o "vieni!") dovrebbe essere associato a cose positive. Non chiamatelo mai per poi metterlo in punizione.

## COMANDI DI ATTIVAZIONE VOCALE: "QUI!"

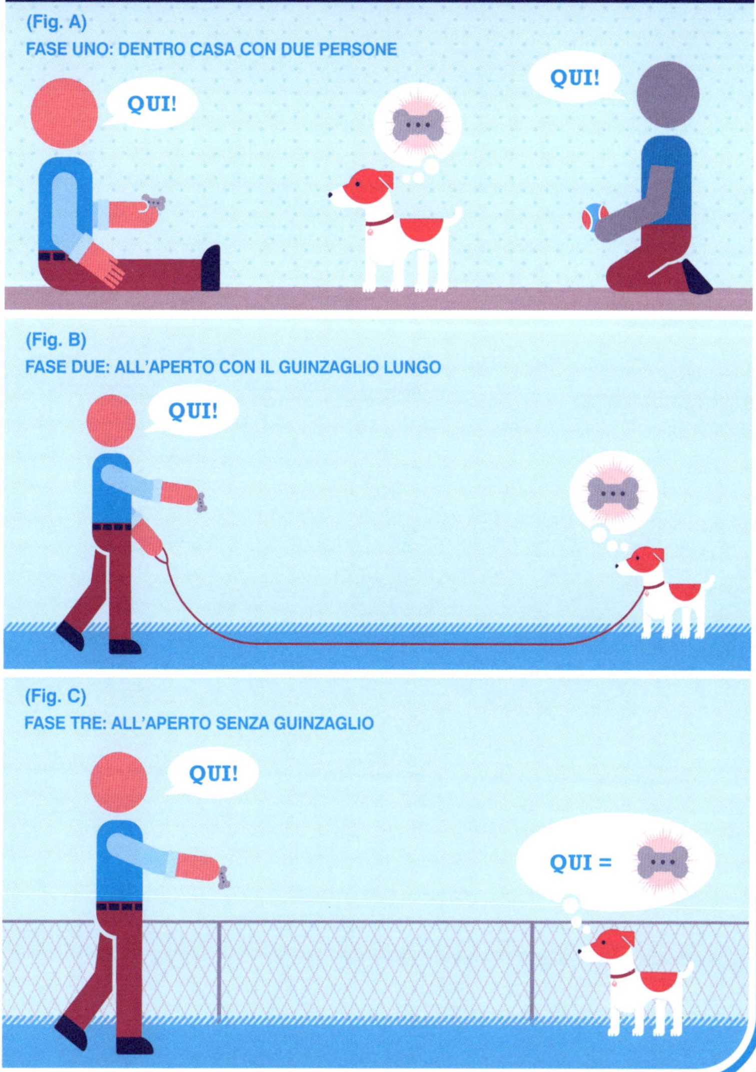

Piuttosto, siate voi ad andare da lui (se dovesse associare il comando a qualcosa di spiacevole, potrebbe non rispondere).

## Consigli per l'addestramento

- Se un cane manifesta un comportamento indesiderato, l'approccio migliore è quello di ignorare sia lui sia il comportamento in questione. Questa ostentata indifferenza gli farà capire che quel determinato atto lo priverà di ciò che più gli sta a cuore: la vostra attenzione. L'unica eccezione che va fatta alla "strategia dell'indifferenza" è nel caso di un cane che manifesti un'eccessiva aggressività; questo tipo di comportamento richiede immediatamente una ferma presa di posizione. (Si veda "Affermazione di dominanza", p. 89.)
- Sgridare un cane quando fa qualcosa di sbagliato può avere conseguenze impreviste. Poiché sono configurati per avere una vera e propria fame di attenzione (positiva o negativa che sia), se una delle loro trasgressioni dovesse suscitare un grande "scandalo", potrebbero avere la tentazione di ripeterla.
- A meno che proprio non lo cogliate in flagrante, non rimproverate un cane se combina qualche guaio: non è in grado di capire che siete arrabbiati per una cosa che ha combinato un'ora prima. L'unica cosa che dedurrà è che ce l'avete a morte con lui... magari per quello che sta facendo in quel preciso momento.
- Non colpite né sgridate aspramente un cucciolo o un cane adulto. Ciò è sempre controproducente perché l'unica cosa che gli insegna è ad avere paura di voi. Nel caso di cani da guardia, tra l'altro, un approccio così aggressivo può essere estremamente pericoloso.
- Le sessioni di addestramento devono sempre avere un "lieto fine". Se un cane fa fatica ad apprendere la nuova lezione, fate in modo di concludere il vostro incontro con un esercizio che ormai gli riesce benissimo. E fategli un sacco di complimenti.
- Le sessioni di addestramento vanno tenute ogni giorno nello stesso luogo e alla stessa ora.
- Cercate di usare i comandi vocali – come "seduto!"– sempre con lo stesso tono di voce. I cani sono molto più sensibili al modo in cui dite qualcosa rispetto a quello che *effettivamente* dite.

- Prima di dargli un comando, assicuratevi che il cane vi stia prestando piena attenzione.

# Addestramento all'obbedienza

**Molti veterinari potranno consigliarvi i migliori corsi di addestramento all'obbedienza che si tengono nella vostra zona. Tali corsi solitamente hanno la cadenza di una lezione alla settimana (per più settimane) e prevedono "materie base" come la socializzazione, la passeggiata al guinzaglio e i comandi più elementari. Ricordatevi, comunque, che iscrivervi a uno di questi corsi non vi esimerà dall'impegno di farvi carico in prima persona dell'educazione del vostro cane. A lezione, certo, potrete apprendere le tecniche, ma dovrete comunque dedicare ore e ore a metterle pazientemente in pratica con il vostro cane.**

MODEL K-9.05
Dachshund
sour
sweet
bitter
salty
E
F

[ Capitolo 5 ]

# Rifornimento

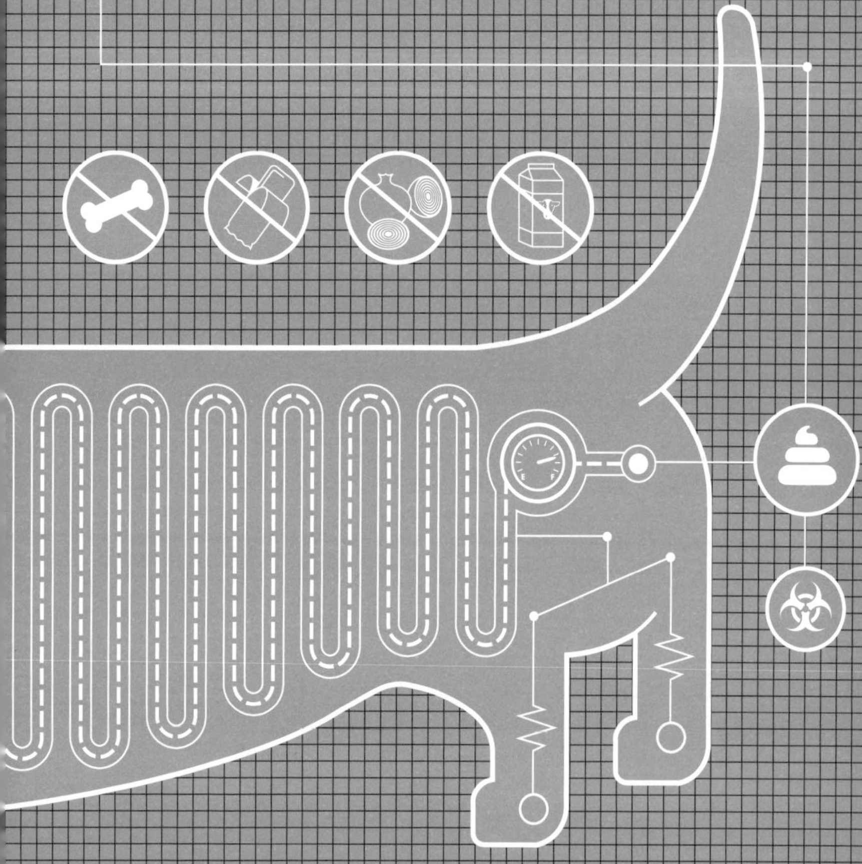

# Tipi di carburante

**Il cibo per cani si divide in due categorie principali: secco (come i croccantini) e umido (in lattina). In generale il cibo secco è quello più utilizzato. A parità di peso, rispetto al secondo, contiene più calorie, è meno costoso e può contribuire a ridurre il tartaro dentale. I cani preferiscono sicuramente il cibo in lattina, che, – avendo una percentuale d'acqua di circa il 70 per cento – a parità di volume ha un apporto calorico inferiore.**

**In commercio sono inoltre disponibili cibi che aiutano a contrastare numerosi disturbi canini, dal diabete all'obesità alle allergie. Spesso l'ingrediente principale di queste formule speciali è l'agnello, poiché sono pochissimi i cani che sviluppano un'intolleranza a questo genere di carne. Anche i soggetti anziani possono avere esigenze dietetiche particolari: poiché i loro reni sono meno efficienti, talvolta è necessario somministrare loro cibi a basso contenuto proteico. Anche la presenza di disturbi cardiaci, problemi a fegato/reni, o gastrointestinali, possono richiedere una dieta speciale.**

**Quando cominciate a somministrare al vostro cane del cibo confezionato, regolatevi in base alle dosi giornaliere raccomandate che trovate sull'etichetta. Dopo qualche tempo, però, è probabile che dovrete ridurre leggermente le porzioni perché le dosi raccomandate spesso tendono a eccedere il reale fabbisogno calorico del vostro modello. Non date mai un cibo "iperproteico" o una "formula per cuccioli" a un cane che abbia ormai superato il primo anno d'età.**

***LA PAROLA ALL'ESPERTO*** *A meno che non siate disposti a investire un sacco di tempo e di pazienza, non mettetevi in testa di preparare in casa la pappa per il vostro cane. È davvero complicato riuscire a ottenere un cibo bilanciato, in grado di fornire tutti i principi nutritivi, i minerali e le vitamine necessari per mantenerlo in perfetta salute.*

## Fatti e dati

Le esigenze nutritive variano da modello a modello e dipendono da fattori come la taglia, la quantità di esercizio fisico richiesta e l'età.

- I cani di piccola taglia necessitano di un maggior numero di calorie (in proporzione alla loro massa corporea) rispetto a quelli di taglia più grande.

- Un individuo molto sedentario può richiedere un 30 per cento di calorie in meno rispetto alla media consigliata per un cane della sua stessa taglia.
- Un soggetto molto attivo, d'altro canto, può avere bisogno del 40-50 per cento di calorie in più rispetto alla media.
- Una cagna incinta, o che sta allattando, può aver bisogno del 30-50 per cento in più di calorie rispetto al solito (talvolta anche il doppio).
- D'inverno, i cani che fanno anche vita all'aperto possono avere l'esigenza di mangiare di più per riuscire a mantenere la giusta temperatura corporea.

## Fabbisogno calorico medio

| | CALORIE GIORNALIERE | |
|---|---|---|
| **Peso** | **Cucciolo** | **Adulto** |
| 2 kg | 500 | 250 |
| 4,5 kg | 850 | 450 |
| 9 kg | 1400 | 700 |
| 13,5 kg | 1800 | 900 |
| 18 kg | 2300 | 1200 |
| 22,5 kg | 2700 | 1400 |
| 27 kg | 3200 | 1600 |
| 31.5 kg | 3600 | 1500 |
| 36 kg | — | 1800 |
| 40,5 kg | — | 2100 |
| 45 kg | — | 2300 |

# Selezione di una marca

**I produttori di cibo per cani, proprio come quelli che mettono a punto alimenti pronti per gli umani, sono tenuti a specificare sulle confezioni le informazioni nutrizionali del prodotto in questione. Tra le altre cose, tali etichette devono elencarne tutti gli ingredienti e le caratteristiche nutritive (in pratica, specificare per quale tipo di cane sia stato formulato quel determinato alimento).**

Come prima cosa, verificate gli obiettivi nutrizionali e la loro adeguatezza. Per esempio, un prodotto messo espressamente a punto per i cuccioli e le femmine gravide dovrebbe offrire "un'alimentazione completa e bilanciata per le prime fasi dello sviluppo e per la gravidanza". La pappa studiata per un adulto dovrebbe garantire un "apporto nutritivo completo per l'alimentazione del cane adulto". I prodotti delle marche migliori dichiareranno di essere stati "Formulati in conformità ai parametri raccomandati dagli esperti nutrizionisti". In parole povere, migliore è il prodotto, maggiori saranno le garanzie che saprà offrirvi.

Dopo aver selezionato una buona marca e un prodotto completo e bilanciato che soddisfi le specifiche esigenze del vostro cane, esaminate gli ingredienti che lo compongono. Viene sempre elencato per primo quello che, per quantità, incide maggiormente.

Nei cibi in lattina, al primo posto compare quasi sempre la carne, mentre nei cibi secchi potrebbe comparire più in basso. Ciò dipende per lo più dal fatto che nei cibi umidi la carne non è stata disidratata e dunque è più pesante. I croccantini magari ne contengono lo stesso quantitativo ma – poiché è più leggera in quanto disidratata –, potrebbe apparire più in basso nell'elenco degli ingredienti.

In generale, comunque, ai primi posti dovrebbero comparire uno o più tipi di carne. I sottoprodotti della carne – come la farina di ossa – solitamente sono di qualità inferiore. Anche i cerali e la soia sono ingredienti importanti e dovrebbero essere presenti in abbondanza. Le bucce dei vegetali solitamente compaiono nei cibi di qualità inferiore, però contribuiscono ad arricchire di fibre l'alimento. Vitamine, minerali e conservanti, essendo usati in quantitativi minimi, compariranno agli ultimi posti nell'elenco degli ingredienti.

**Se volete fare un paragone tra marche diverse, confrontate le tabelle nutrizionali riportate sulle confezioni, in cui viene specificata la percentuale di proteine, grassi, fibre e acqua (per far sì che tali comparazioni abbiano un senso, domandate al veterinario quali siano le proporzioni ottimali per il vostro cane).**

# Come somministrarlo

**È meglio evitare l'opzione "a buffet", ovvero lasciare una ciotola di pappa a sua disposizione per tutto il giorno in modo che il cane ne disponga a suo piacimento: c'è il rischio che diventi obeso. Fissate un orario dei pasti, offritegli il cibo, poi, magari dopo mezz'ora, ritirate la ciotola fino al pasto successivo. Alla maggior parte dei modelli basteranno due pasti al giorno (uno al mattino e uno alla sera).**

**Fino alla dodicesima settimana, i cuccioli dovrebbero mangiare tre volte al giorno. Quelli delle razze di piccola taglia dovrebbero mangiare più spesso, per evitare l'ipoglicemia. Intorno ai 9-12 mesi un cucciolo sarà pronto a passare al cibo formulato per gli adulti e fare spuntini meno frequenti. A meno che non ve l'abbia espressamente consigliato il veterinario, evitate di somministrare al cane degli integratori: un eccesso di proteine e/o calcio può favorire disturbi alle articolazioni e alle ossa. Per saperne di più sulle esigenze nutritive dei cuccioli, si veda p. 141.**

## Modifiche nella dieta

Cambiare improvvisamente il tipo di alimentazione di un cane può provocare disturbi allo stomaco e diarrea. Per evitare questo genere di inconvenienti, procedete per gradi. Il primo giorno, dategli tre quarti del cibo abituale e un quarto di quello nuovo. Il secondo giorno, dategli metà dell'uno e metà dell'altro. Il terzo giorno, proponetegli tre quarti dell'alimento nuovo e metà dell'altro. Poi dategli solo quello nuovo.

**TIPI DI CARBURANTE** Esistono due categorie principali: secco e umido in lattina.

CARBURANTE SECCO (fronte)

**Prima di scegliere una marca verificate le proprietà nutritive e gli ingredienti del prodotto.**

**CARBURANTE SECCO (lato)**

**CARBURANTE UMIDO (fronte)**

**CARBURANTE UMIDO (retro)**

1. Proprietà nutritive e finalità
2. Indica un prodotto di alta qualità che è stato sottoposto a controlli e approvato

**Gli ingredienti sono elencati in base al peso in ordine decrescente**

3. La carne dovrebbe essere ai primi posti
4. Cereali e soia dovrebbero essere presenti in grande quantità
5. Vitamine, minerali e conservanti devono apparire per ultimi, perché presenti in quantità minime

## RIFORNIMENTI SUPPLEMENTARI

### SPUNTINI BILANCIATI

1. Bocconcini "light"
2. Popcorn (preparati senza sale né burro)
3. Broccoli
4. Fagiolini lessi
5. Carote crude

### SOSTANZE PERICOLOSE

1. Avanzi
2. Ossi
3. Cibo per gatti
4. Cioccolato
5. Cipolle
6. Latte vaccino

# Rifornimenti supplementari (spuntini)

**Gli spuntini non dovrebbero superare il 10 per cento dell'introito calorico giornaliero. Ecco qualche idea "sana":**

- Snack "light" disponibili in commercio
- Popcorn (ma preparati nel forno a microonde, non in padella)
- Broccoli
- Fagiolini lessi
- Carote crude

**I seguenti alimenti, invece, risultano nocivi o addirittura fatali per i cani:**

- Avanzi (di solito sono troppo grassi e non conformi alle esigenze nutritive di un cane. Se proprio volete darglieli, fatelo solo una volta ogni tanto).
- Ossi (quelli piccoli possono restare bloccati in gola; quelli grossi possono frantumarsi e provocare diversi problemi, dal soffocamento al blocco intestinale a lesioni interne).
- Cibo per gatti (non è formulato per sopperire ai bisogni nutritivi canini).
- Cioccolato (tossico per i cani, in piccole dosi può farli stare male; in dosi massicce può essere fatale).
- Cipolle (in dosi eccessive provocano anemia).
- Latte (come molti altri mammiferi adulti, i cani sono spesso intolleranti al lattosio. Può provocare disturbi gastrointestinali e diarrea).

## Emissioni gassose

La maggior parte dei cani, di tanto in tanto, va incontro ad accidentali emissioni di gas metano. Ci sono molti modi per contrastare questi problemi al "tubo di scappamento".

- Per assorbire l'aria in eccesso, date al cane delle pastiglie di carbone attivo.
- L'accumulo di gas può essere provocato anche da un'alimentazione eccessiva, perciò tentate di ridurre le porzioni di cibo.
- Un cane che mangia in fretta e con eccessiva voracità rischia di ingerire troppa aria. Somministrategli il cibo poco per volta. Se avete altri cani, fateli

mangiare in aree separate. Quando mangiano in gruppo tendono a "ingozzarsi" per evitare che gli altri rubino la pappa dalla loro ciotola.

- Smettete di dargli cibo grasso e difficile da digerire (come possono essere gli avanzi o gli "assaggini").
- Per contrastare le formazioni gassose, provate a usare una ciotola più alta, come quelle per i cani di grossa taglia.

# Monitorare il peso di un cane

**Confrontate il peso del vostro cane con quello di altri esemplari della sua stessa razza (si veda pp. 26-38). Se il vostro modello è di razza mista (o non rientra tra quelli descritti in questo libro), controllate se si assottiglia all'altezza della "vita", ovvero se riuscite a vedere un restringimento sotto le costole. Nei cani sovrappeso non si riesce a notare la differenza. Poi, palpatelo per controllare se si sentono le costole. Se è sovrappeso, non riuscirete a percepirle. (Se però il costato fosse eccessivamente visibile, il vostro cane potrebbe essere denutrito: aumentate il suo introito calorico giornaliero.)**

## Pesare un cane

[ **1** ] Pesatevi su una bilancia pesapersone (Fig. A)

[ **2** ] Ripesatevi con il cane in braccio (Fig. B). Se è molto pesante, sollevatelo con cautela (Fig. C).

[ **3** ] Sottraete al secondo peso il primo (Fig D).

Se il vostro cane è troppo grosso per essere "maneggiato" in questo modo, chiedete al veterinario di poterlo pesare una volta ogni tanto sull'apposita bilancia del suo ambulatorio.

CALCOLARE IL PESO DEL VOSTRO CANE
(Fig. A)
PESATEVI
75
X
(Fig. B)
PESATEVI
INSIEME AL CANE
103
Y
(Fig. C)
ATTENZIONE: NON CARICATE
TROPPO LA SCHIENA
(Fig. D)
SOTTRAETE ALLA SECONDA CIFRA (Y)
LA PRIMA CIFRA (X)
X = 75
Y = 103
103 –
75
28

## Riduzione del peso

**Prima di apportare modifiche alla sua alimentazione abituale, mettete a punto – con l'aiuto del veterinario – un piano d'azione. Far dimagrire un cane è un processo che richiede tempo e che, senza le dovute precauzioni, può essere rischioso per la salute del cane stesso. In alcuni casi potrebbe rendersi necessaria una dieta specifica, oppure si dovrebbe tenere conto di altri possibili fattori di complicanza, come il diabete. Il dimagrimento può essere ottenuto essenzialmente in due modi: riducendo le porzioni del cibo abituale, oppure passando ad alimenti ipocalorici.**

**Mentre procedete con il vostro programma, ricordate questi consigli:**

- In linea di massima, un cane non dovrebbe mai perdere più di 225-450 g la settimana.
- Durante la dieta dimagrante, il cane dovrebbe anche fare un po' più di esercizio fisico (se il veterinario è d'accordo).
- Evitate gli spuntini troppo sostanziosi. Premiatelo con parole di elogio, oppure con spuntini "light", come broccoli, fagiolini o carote.
- Se il cane non vi sembra soddisfatto della quantità di cibo che gli fornite, cercate di dargli da mangiare più di frequente (ma riducendo le singole porzioni).
- Se in casa vostra abitano più cani, date loro da mangiare separatamente per evitare che il cane a dieta riceva cibo extra.
- Assicuratevi che possa sempre contare su una ciotola piena di acqua fresca.
- Tutti i membri della famiglia devono contribuire alla riuscita del piano dimagrante del cane: basta un assaggino allungato "sottobanco" per mandare all'aria l'intera operazione.
- Pesatelo ogni settimana e prendete nota dei progressi.
- Ricordate che un cane perde circa mezzo kg ogni 3.500 calorie che consuma.

## Fabbisogno* giornaliero d'acqua

| PESO | ACQUA |
|---|---|
| 2 kg | 207 ml |
| 4,5 kg | 414 ml |
| 9 kg | 710 ml |
| 13,5 kg | 975 ml |
| 18 kg | 1,2 l |
| 22,5 kg | 1,4 l |
| 27 kg | 1,6 l |
| 31,5 kg | 1,8 l |
| 36 kg | 2 l |
| 41 kg | 2,2 l |
| 45,5 kg | 2,4 l |

*Compresa l'acqua assunta attraverso il cibo e gli spuntini.

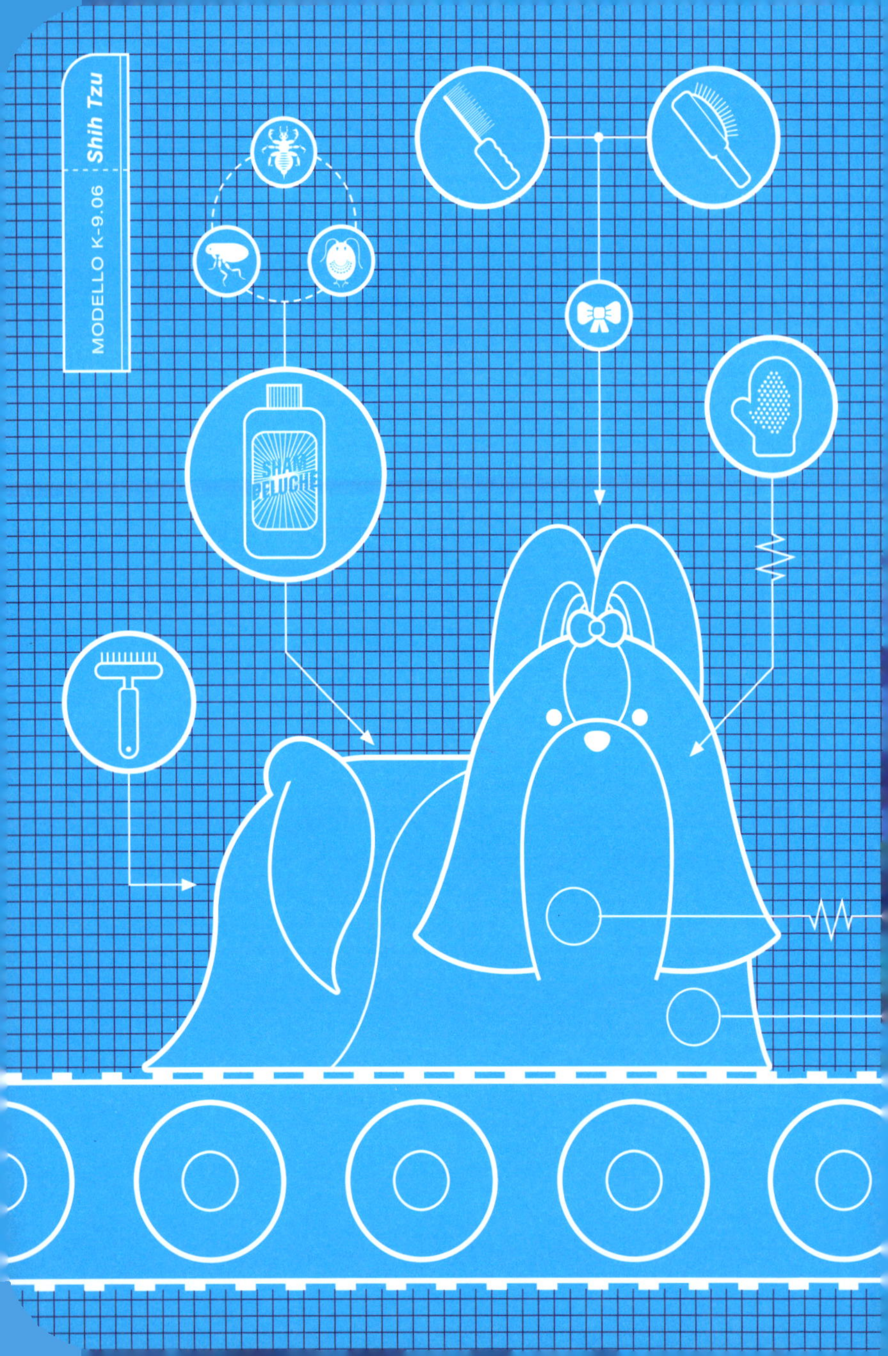
MODELLO K-9.06
Shih Tzu
SHAM
PELUCHE

[ Capitolo 6 ]

# Manutenzione esterna

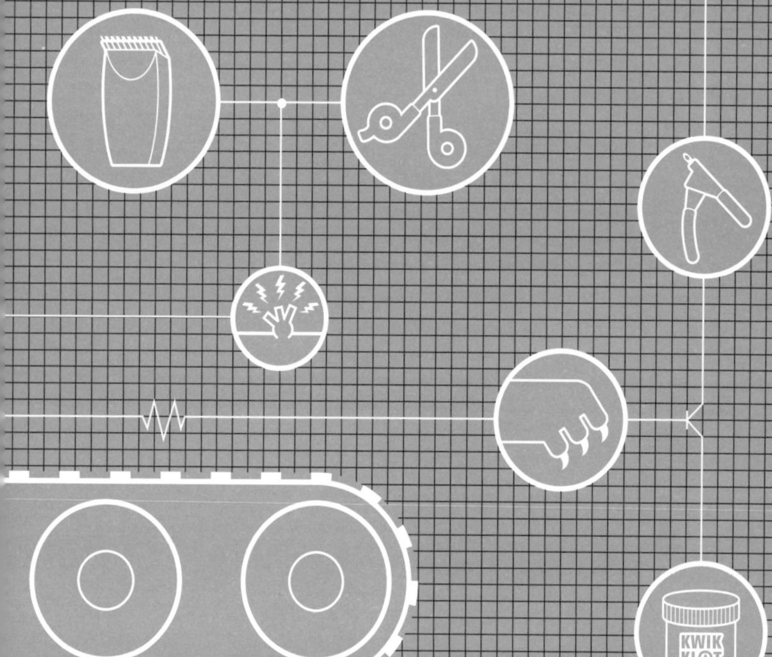

La mole di interventi esterni richiesta da un cane varia da modello a modello. Per esempio, mentre le varietà a pelo corto necessitano di una manutenzione relativamente semplice, quelle a pelo lungo (come i Collie e i Bobtail) richiedono senza dubbio l'intervento di un tolettatore professionista. Per quanto concerne, invece, le operazioni di manutenzione non inerenti al mantello – dalla gestione delle unghie alla pratica del bagnetto – non esistono protocolli diversi tra una razza e l'altra. Qualunque sia il modello in vostro possesso, una manutenzione regolare delle componenti esterne garantirà alla vostra unità canina di mantenersi sempre al top delle sue condizioni operative.

# Analisi del mantello

La maggior parte dei cani è dotata di un mantello costituito da tre tipi di pelo: "tattile"; pelo esterno (primario o "di copertura"); sottopelo (secondario). Quest'ultimo è costituito da uno strato folto e soffice, che ha tanto una funzione isolante quanto di sostegno del pelo più esterno. Il manto esterno è costituito da peli più spessi, detti "di guardia", che proteggono il sottopelo. Il terzo tipo, il "tattile", include i baffi e altri robusti peli facciali (come le ciglia), che hanno anche il compito di fornire informazioni sul mondo esterno.

I modelli più soggetti alla muta sono quelli dotati di un ben sviluppato "pelo doppio", ovvero uno strato di peli più lunghi e ruvidi, che ne ricopre uno più corto e fitto. I cani dotati di questo "doppio" mantello (tra cui rientrano Akita, Pomeranian, Terranova e Siberian Husky) tendenzialmente mutano il sottopelo due volte l'anno – e una volta sola quello esterno –. Il fenomeno della muta è connesso a cambiamenti ormonali provocati, tra le altre cose, dal numero di ore di luce diurna. Un cane può anche "perdere" il pelo in seguito a una situazione di forte stress, come può essere un intervento chirurgico o una gravidanza.

I cani sprovvisti di doppio mantello, o che vivono esclusivamente in casa, tendono a perdere peli durante tutto l'arco dell'anno, piuttosto che stagionalmente. Altri modelli, tra cui i Barboni e molti Terrier, non sono soggetti al fenomeno della muta.

# Tipologie di mantello

**La vostra unità canina avrà sicuramente in dotazione una delle seguenti coperture esterne.**

**Pelo lungo** Presente nei modelli come Bobtail, Terranova, Collie, Golden Retriever ecc. Le unità a pelo lungo necessitano di essere spazzolate ogni giorno per evitare la formazione di nodi ed eccessive perdite di pelo.

**Pelo corto** Presente nei modelli come i Beagle e i Pointer. Questa tipologia richiede una manutenzione meno impegnativa rispetto ad altre, pur avendo bisogno di regolari interventi con pettine e/o spazzola.

**Pelo non soggetto a muta** Come si può dedurre dal nome, il pelo di questi modelli non va mai incontro alla muta nell'arco dell'anno. Proprio per questo, sarà necessaria una "spuntatina" ogni tanto. Sono dotati di questo tipo di mantello i modelli come il Barbone e il Bichon Frisé.

**Pelo lungo e liscio** Osservabile in modelli come Yorkshire Terrier, Pechinese e Levriero Afgano. Senza una manutenzione regolare, in questo tipo di mantello si formano molto facilmente nodi o vere e proprie "matasse".

**Pelo raso** Un mantello che richiede una manutenzione minima (basta una bella spazzolata). Ne sono dotati, tra gli altri, Dobermann, Greyhound e Labrador Retriever.

**Pelo ruvido** In dotazione alla maggior parte dei Terrier e degli Schnauzer. I modelli caratterizzati da questo tipo di mantello necessitano di essere spazzolati regolarmente e che il pelo venga accorciato per evitare la formazione di nodi nel sottopelo (che, in tali modelli, tende a essere di consistenza lanuginosa).

**Senza pelo** Nella tipologia dei cosiddetti cani "nudi" rientrano esemplari piuttosto bizzarri come il Chinese Crested Dog, tuttavia non esistono razze veramente glabre. Per quanto minima, tutti i mammiferi sono ricoperti da una

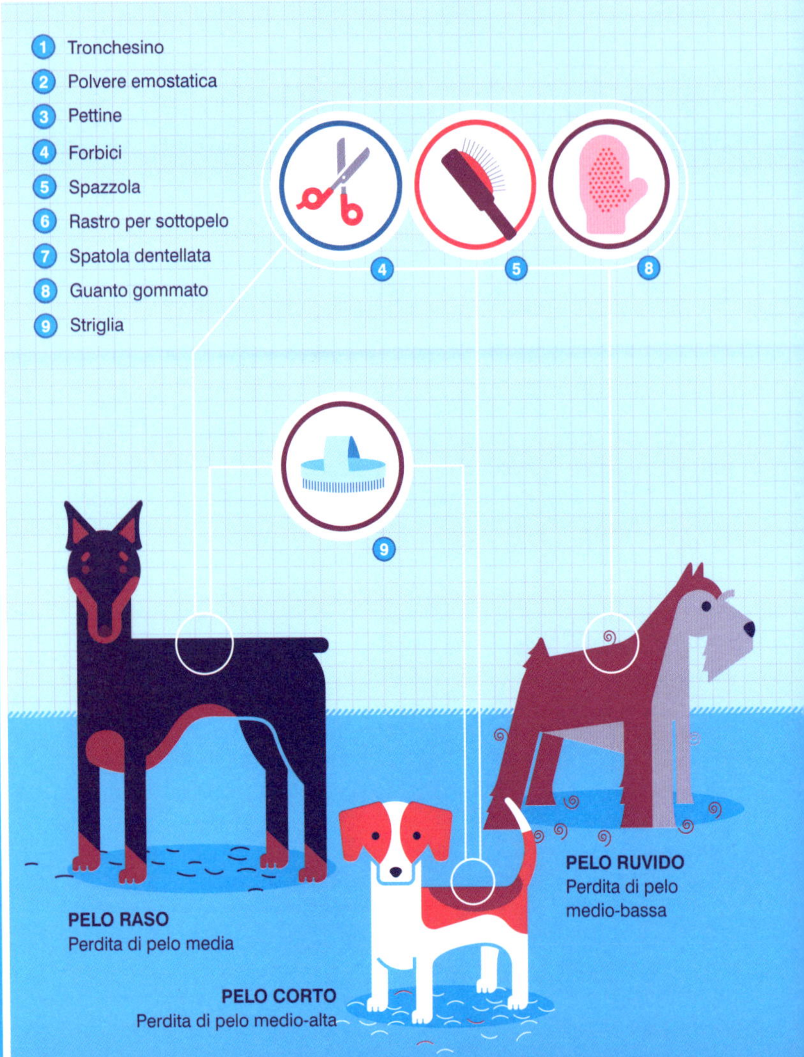


## RIFINITURE ESTERNE E "GROOMING" **La maggior parte dei**

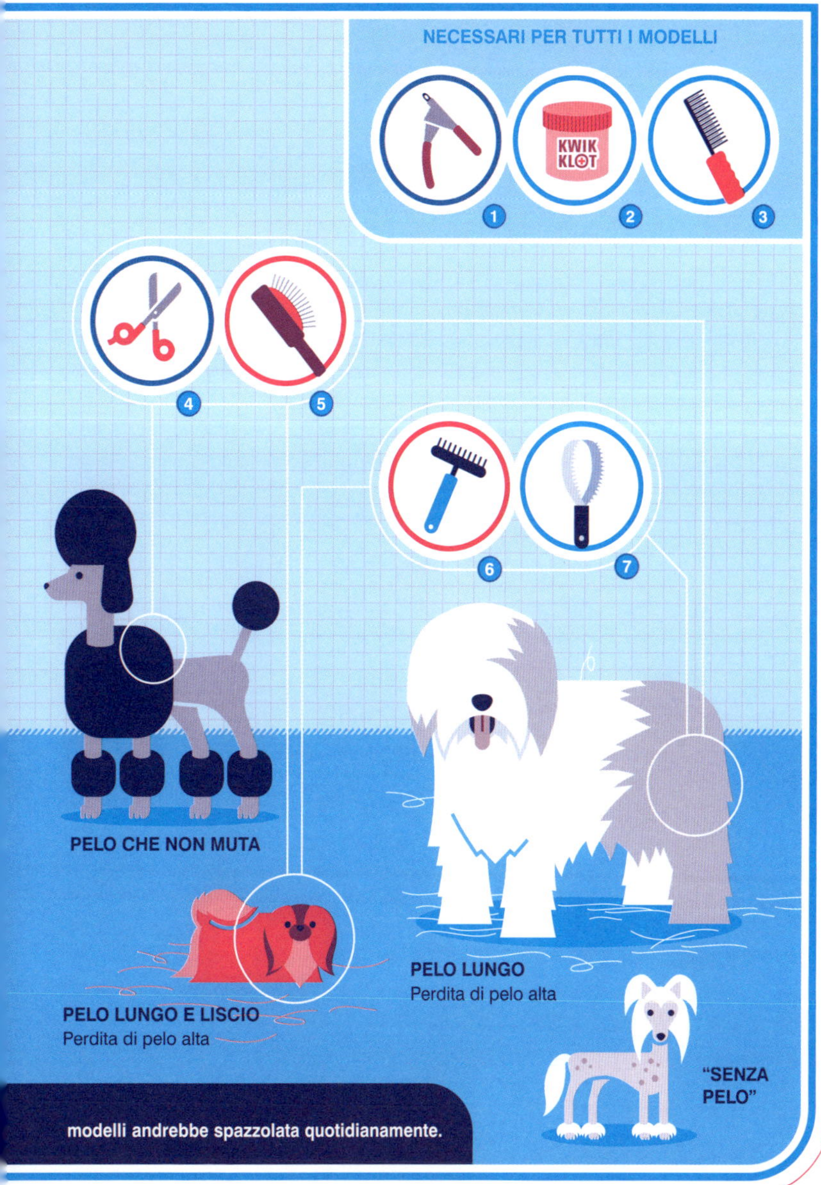

NECESSARI PER TUTTI I MODELLI
KWIK KLOT
1
2
3
4
5
6
7
PELO CHE NON MUTA
PELO LUNGO E LISCIO
Perdita di pelo alta
PELO LUNGO
Perdita di pelo alta
"SENZA PELO"
modelli andrebbe spazzolata quotidianamente.

certa quantità di peli. È fondamentale garantire a questi modelli un'appropriata protezione cutanea (in particolare dalle scottature solari).

# Manutenzione standard

**Un grooming (l'insieme delle operazioni di toelettatura) regolare vi consentirà di ridurre i depositi di pelo in casa. Se è possibile, l'ideale sarebbe cominciare a prendersi cura del mantello del vostro cane fin da quando è cucciolo, in modo da abituarlo (o addirittura fargli apprezzare moltissimo) questi interventi. La maggior parte dei cani andrebbe spazzolata ogni giorno per rimuovere sporcizia e peli morti, evitare la formazione di nodi e grovigli e distribuire uniformemente sul mantello gli oli naturali.**

***LA PAROLA ALL'ESPERTO*** *Il momento del grooming può essere un'ottima occasione per fare una "visita" al vostro cane e verificare l'eventuale presenza di irritazioni cutanee, noduli, gonfiori sospetti, zecche, pulci o qualsivoglia altro problema che richieda l'intervento del veterinario.*

## Strumenti per il "grooming"

**I seguenti accessori vi faciliteranno nella manutenzione delle rifiniture esterne della vostra unità canina.**

**Spazzola** È importante sceglierne una pensata appositamente per il tipo di mantello del vostro cane. Sono perfette quelle morbide di metallo sottile che riescono a rimuovere i nodi senza irritare la cute.

**Pettine** I più pratici sono in acciaio con un lato a denti fitti e l'altro a denti radi. Questo tipo di strumento serve a rimuovere corpi estranei (come cardi, spine ecc.) e a disciplinare il mantello dei modelli a pelo lungo.

**Striglia** Spesso fatta di gomma, rimuove i peli morti dai modelli a pelo corto e, contemporaneamente, massaggia la cute.

**Guanto gommato** Ricoperto di gommini per catturare i peli, è l'ideale per il grooming del muso, e per spazzolare i cani con un mantello molto corto.

**Tronchesini** Ne esistono di due tipi: a "ghigliottina", oppure quelli fatti a "forbice". Entrambi funzionano benissimo.

**Forbici** Essenziali per rimuovere grovigli di pelo particolarmente ostinati.

**Spatola dentellata** La fitta dentellatura di questo strumento lo rende perfetto per rimuovere i peli morti dai modelli a mantello lungo.

**Polvere emostatica** Disponibile anche nei grandi magazzini, questo prodotto coagulante fermerà rapidamente le perdite di sangue provocate da un intervento troppo radicale sulle unghie.

**Rastro per sottopelo** Come dice il nome, questo strumento rimuove dal sottopelo i peli morti (che tendono ad aggrovigliarsi con quelli in fase di ricrescita). Utilissimo per i modelli a pelo lungo e folto, come l'Husky e il Setter Irlandese.

# Toelettatura professionale

**Anche se, in generale, i padroni possono farsi carico della manutenzione ordinaria descritta nel presente capitolo, per gli interventi più impegnativi è consigliabile ricorrere a un tolettatore professionista. Molto probabilmente il vostro veterinario saprà consigliarvi qualche "coiffeur" qualificato (alcuni ambulatori veterinari offrono anche servizi di questo tipo). Potete ovviamente anche farvene raccomandare uno da un amico o da un allevatore affidabile.**

**Se il vostro modello ha esigenze particolari (perché è molto anziano o ha bisogno di utilizzare prodotti specifici), assicuratevi che il professionista che avete scelto sia in grado di soddisfarle. Verificate anche che i cani non vengano sedati prima di ricevere il trattamento previsto. Visitate il "centro estetico" per compiere un'ispezione a sorpresa. Vi sembra che la struttura sia pulita e ben tenuta? I cani vengono trattati bene?**

**Il prezzo che pagherete dipenderà dalla razza del vostro cane, dal tipo di intervento richiesto e dalle condizioni dell'animale stesso. In base al tipo di modello in vostro possesso, un *grooming* professionale potrebbe rendersi necessario una o due volte l'anno... ma, in qualche caso, è possibile che dobbiate metterlo in conto ogni 6 settimane.**

⚠ ***ATTENZIONE*** *Prima di portare il vostro cane in un centro di toelettatura, assicuratevi che sia a posto con i richiami delle vaccinazioni (soprattutto per la bordetella, o "tosse da canile").*

# Eliminazione dei nodi

**Nel mantello si formano nodi, o veri e propri grovigli, quando i peli morti degli strati più profondi si annodano ai peli nuovi che stanno ricrescendo rapidamente. Poiché di solito si formano molto vicini alla pelle, possono provocare irritazioni cutanee, oltre a una sensazione di estremo fastidio.**

**Appena scoprite un nodo nel mantello del vostro cane, cercate di allentarlo servendovi delle dita e di un pettine. Se non riuscite a scioglierlo del tutto, tagliate la ciocca inestricabile con le forbici, ma abbiate sempre l'accortezza di mettere un pettine tra il nodo e la pelle in modo da forma re una barriera contro eventuali taglietti.**

# Protocollo di lavaggio

**Se volete che la vostra unità canina sfoggi un mantello sempre lucente e impeccabile, dovrete farle regolarmente il bagno. Questa esperienza può essere molto piacevole, specialmente se il cane ha preso confidenza con la pratica del bagnetto fin da piccolo. Alla maggior parte dei modelli basta un bagno ogni qualche mese, a meno che si possieda un cane particolar mente irrequieto, che quindi tende a sporcarsi molto. Prima di fargli il bagno, spazzolatelo con cura per rimuovere peli morti e nodi.**

⚠ ***ATTENZIONE*** *Lavare troppo spesso un cane può provocare secchezza cutanea e/o irritazioni; se volete fargli bagni frequenti, o se il vostro modello appartiene a una razza con tendenza alla disidratazione cutanea, usate un apposito shampoo delicato.*

[ **1** ] Mettete un tappetino di gomma nella vasca da bagno (si veda Fig. A, p.126). Ciò darà al cane una superficie stabile e non scivolosa su cui poggiare le zampe, permettendogli di rilassarsi.

[ **2** ] Preparate tutto l'occorrente (si veda Fig. B, p. 126).

[ **3** ] Infilategli un batuffolo di cotone in ciascun orecchio, così che non vi entri dell'acqua (si veda Fig. C, p. 126).

[ **4** ] Mettete il cane nella vasca. Se è un modello di grossa taglia e non siete sicuri di riuscire a sollevarlo da soli, chiedete a qualcuno di darvi una mano.

[ **5** ] Spruzzate interamente con dell'acqua tiepida, possibilmente usando il getto della doccia. Tenete il getto il più vicino possibile al corpo ed evitate di spruzzargli acqua sul muso.

***LA PAROLA ALL'ESPERTO*** *Durante questa operazione è importante che accarezziate e rassicuriate spesso il cane (soprattutto se è una delle prime volte che fa il bagno).*

**(Fig. A) POSIZIONARE IL TAPPETINO ANTISCIVOLO**

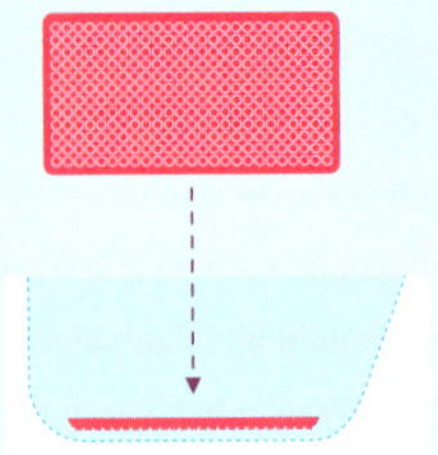

**(Fig. B) PREPARARE L'OCCORRENTE**

1. Shampoo
2. Fiocchi di cotone
3. Getto della doccia
4. Olio minerale
5. Fon o asciugamani

**(Fig. C) PREPARARE L'UNITÀ CANINA**

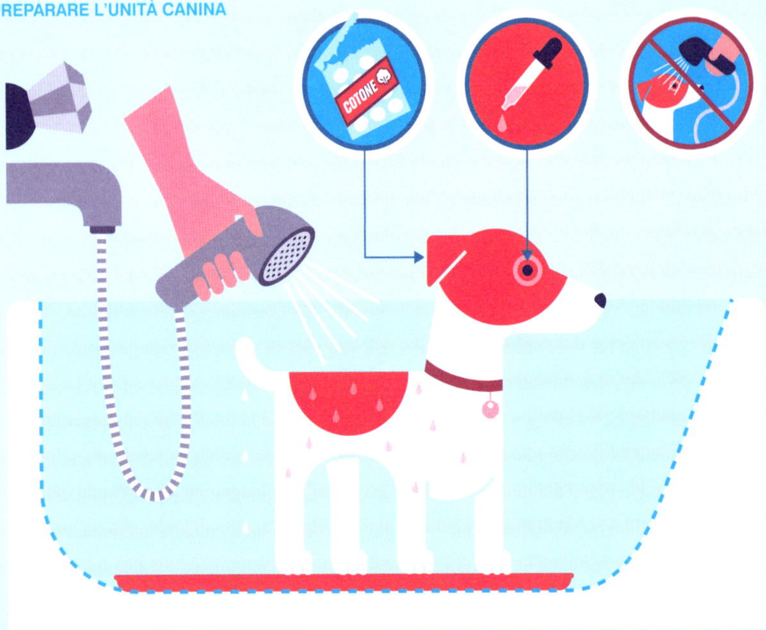


## PROCEDURA DI LAVAGGIO

**Un bagno una volta ogni tanto manterrà**

**(Fig. D) APPLICARE SHAMPOO SPECIFICO PER CANI**

**(Fig. E) NON DIMENTICARE DI LAVARE**

1. Porta di scarico
2. Polpastrelli
3. Dietro le orecchie
4. Sotto il mento

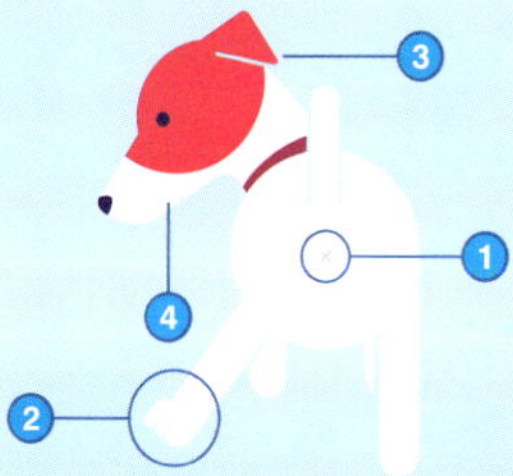


**(Fig. F) SELEZIONARE UN METODO DI ASCIUGATURA**

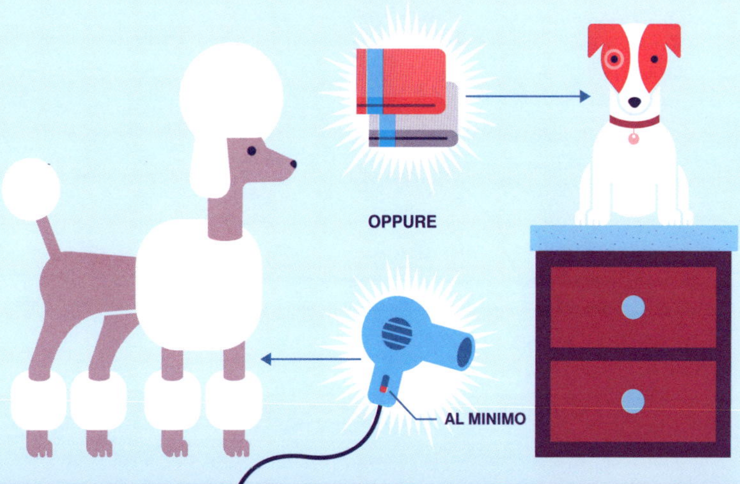


smagliante il vostro modello, ma lavaggi troppo frequenti rischiano di seccargli la pelle.

[ **6** ] Applicategli sul corpo – partendo dalla coda e risalendo verso la testa – una piccola quantità di shampoo formulato appositamente per i cani (si veda Fig. D, p. 127).

[ **7** ] Mentre lo frizionate con la schiuma, insistete particolarmente sulla zona della porta di scarico, sui piedi, dietro le orecchie e sotto il mento (si veda Fig. E, p. 127).

⚠ ***ATTENZIONE*** *Evitate che gli finisca dello shampoo negli occhi. Per prevenire irritazioni, prima di dare il via al protocollo di lavaggio, mettetegli una goccia di olio minerale all'angolo di ciascun occhio.*

[ **8** ] Risciacquate accuratamente con acqua tiepida, cominciando dalla testa. Togliete l'acqua in eccesso dal mantello e rimuovete i batuffoli di cotone dalle orecchie.

[ **9** ] Asciugate il cane con un asciugamano o con il fon (si veda Fig. F, p. 127). Nei modelli che hanno in dotazione un modello a pelo lungo o ricciuto – come Maltesi, Bichon Frisé e Barboni – l'asciugatura con il fon è sempre consigliabile (ma selezionando la temperatura più bassa e senza mai dirige re il flusso d'aria calda direttamente sul muso).

⚠ ***ATTENZIONE*** *Alcune razze – tra cui i Basset Hound e molti membri della famiglia degli Spaniel – hanno un mantello estremamente ricco di oli naturali. Se non vengono lavati e spazzolati spesso, c'è il rischio che questi olii irrancidiscano provocando una specie di forfora, che prende il nome di seborrea primaria. In commercio esistono shampoo specifici per contrastare tale problema. Chiedete consiglio al vostro veterinario.*

# Orecchie

**Le orecchie andrebbero ispezionate regolarmente per verificare che non ci siano cattivi odori, arrossamenti e/o infiammazioni (nel caso riscontriate anomalie di questo tipo, rivolgetevi al vostro veterinario).**

Per pulirle servitevi di un batuffolo di cotone imbevuto di "baby olio" o di alcool. Non spingetevi troppo in profondità nel canale auricolare. Gli interventi di pulitura sono essenziali soprattutto per i modelli con le orecchie pendenti (come Basset Hound, Beagle, Bloodhound ecc.), poi ché – a causa del loro particolare design – l'aria non riesce a circolare bene nei canali auricolari.

# Occhi

Gli occhi di un cane sano saranno sempre limpidi e "vispi". Nel corso delle operazioni di grooming, rimuovete delicatamente dall'area perioculare eventuali depositi (un fazzoletto di tessuto andrà benissimo). Se vi accorgete che le secrezioni hanno un colore "strano" – verdognolo o giallo –, rivolgetevi al veterinario. I cani con il mantello bianco tendono ad avere un alone di decolorazione nella zona intorno agli occhi, a causa dell'eccessiva lacrimazione. Tali macchie si possono ridurre applicando uno dei prodotti specifici che potrete trovare in tutti i negozi di animali. Comunque, prima chiedete consiglio al vostro veterinario.

# Denti

I cani sono soggetti a placche batteriche, disturbi periodontali e, talvolta, a carie. I denti andrebbero lavati almeno due volte la settimana con un dentifricio formulato e uno spazzolino a setole morbide. Sono comunque necessari regolari interventi di igiene orale a opera di un professionista.

***LA PAROLA ALL'ESPERTO*** *Non usate mai un dentifricio formulato per gli umani: potrebbe dare al cane problemi di stomaco.*

# Ghiandole anali

Se le sacche anali (due piccole ghiandole ai lati dell'ano) di un cane sono sature e/o infette – in tal caso è facile che si sviluppi un ascesso – possono emanare un odore estremamente sgradevole. Se il soggetto si

**lecca con eccessiva insistenza la zona rettale, o se strofina il posteriore contro il pavimento, fatelo presente al vostro veterinario. Di solito, il modo più semplice per evitare problemi di questo genere è "svuotare" regolarmente le sacche anali. Tale procedura può essere fatta sia da un tolettatore professionista sia dal veterinario. Opportunamente istruito, anche il padrone del cane può imparare a eseguirla di persona.**

# Unghie

**In linea di massima, le unghie andrebbero accorciate due volte al mese. Utilizzate gli appositi tronchesini per cani (si veda p. 123), ma tenete a portata di mano qualche bastoncino di cotone e una confezione di polvere emostatica. Questo preparato a effetto coagulante vi sarà utile nel caso, inavvertitamente, tagliaste troppo l'unghia e uscisse un po' di sangue.**

[ **1** ] Fate sedere il cane accanto a voi e prendetegli un piede (la parte terminale della zampa si chiama proprio così) in mano. Se è un modello di piccola taglia, potete tenerlo in braccio. In alternativa, potete farlo stare a pancia in giù sul pavimento.

[ **2** ] Tagliate – procedendo per gradi – la prima unghia. State attenti a non tagliare la parte "viva" (ovvero quella ricca di terminazioni nervose e vasi sanguigni). Se non riuscite a individuarla, tagliate fino al punto in cui le unghie cominciano a incurvarsi.

***LA PAROLA ALL'ESPERTO*** *Se fate fatica a capire dove inizia la parte "viva", dedicatevi all'accorciamento delle unghie subito dopo aver fatto il bagno al cane: la individuerete meglio. Anche l'applicazione di "baby olio" sulle unghie può facilitare la localizzazione della parte più scura (poiché irrorata di sangue).*

[ **3** ] Se, inavvertitamente, vi accadesse di tagliare troppo, rincuorate e fate qualche coccola al cane, poi fermate le perdite di sangue applicando – con un bastoncino di cotone – un po' di polvere emostatica premendo forte sull'unghia per circa 10 secondi.

# TAGLIO DELLE UNGHIE

1. Tagliate la parte acuminata
2. Non tagliate la parte viva (più scura)

**Se tagliate la parte viva:**

3. Imbibite d'acqua il bastoncino
4. Intingetelo nella polvere emostatica e premetelo sull'unghia che sanguina

**[ 4 ]** Ripetete l'operazione per ogni unghia. Ciascuna andrebbe tagliata in modo da formare un angolo di 45°, in modo che sia "livellata" al pavimento quando il cane è in piedi.

**[ 5 ]** Ricordatevi di spuntare gli "speroni", posti sul retro delle zampe.

# Soluzioni di emergenza

**Se vi accorgete della presenza di sostanze o corpi estranei sul mantello del vostro cane, rimuoveteli immediatamente per evitare che – leccandosi il pelo per tentare di pulirsi da solo – li ingerisca, riportando danni anche molto seri.**

**Catrame** Nella maggior parte dei casi, l'unica soluzione consiste nel tagliare via le ciocche incatramate. Qualche volta, però, una pasta a base di petrolio riesce a rimuovere la sostanza. Applicatene una piccola quantità sulla zona interessata, poi, con un panno pulito, rimuovete il catrame ammorbidito. Ripetete il numero di volte necessario. Al termine dell'operazione, lavate tutto il cane con uno shampoo sgrassante.

**Chewing-gum** Per rendere meno appiccicoso il chewinggum, passateci sopra un cubetto di ghiaccio, dopo di che, tagliate il ciuffo di pelo interessato. In alternativa, ricorrete a uno dei numerosi prodotti specifici che consentono di rimuovere la gomma senza ricorrere alle forbici.

**Moffetta (alias puzzola)** Se il vostro cane ha avuto un incontro spiacevole con una moffetta, potete tentare di togliergli di dosso quell'odore immergendolo in succo di pomodoro. Tenetelo a mollo in una bacinella colma per alcuni minuti finché il mantello si sarà imbibito. Poi risciacquate e ripetete l'operazione. Potrebbero essere necessari molti bagni (nell'arco di più giorni) per fare sparire l'olezzo.

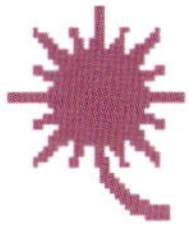

**Spine, cardi & c.** Di solito per rimuoverli è sufficiente usare, con delicatezza, un pettine di metallo. Talvolta, per ammorbidire il ciuffo di pelo interessato, sarà necessario utilizzare qualche goccia di olio vegetale. Se anche questo rimedio non dovesse funzionare, il corpo estraneo potrà essere rimosso solo tagliando la ciocca aggrovigliata.

**Vernice** Se si tratta di un prodotto a base di acqua, immergete per 5 minuti nell'acqua la ciocca finché la vernice si sarà fluidificata. Poi rimuovetela strofinando la ciocca tra le dita. Per qualunque altro tipo di prodotto dovrete ricorrere alle forbici.

⚠ ***ATTENZIONE:*** *Per tentare di risolvere il problema, non usate mai solventi industriali, acqua ragia, benzina o qualsivoglia altro prodotto aggressivo.*

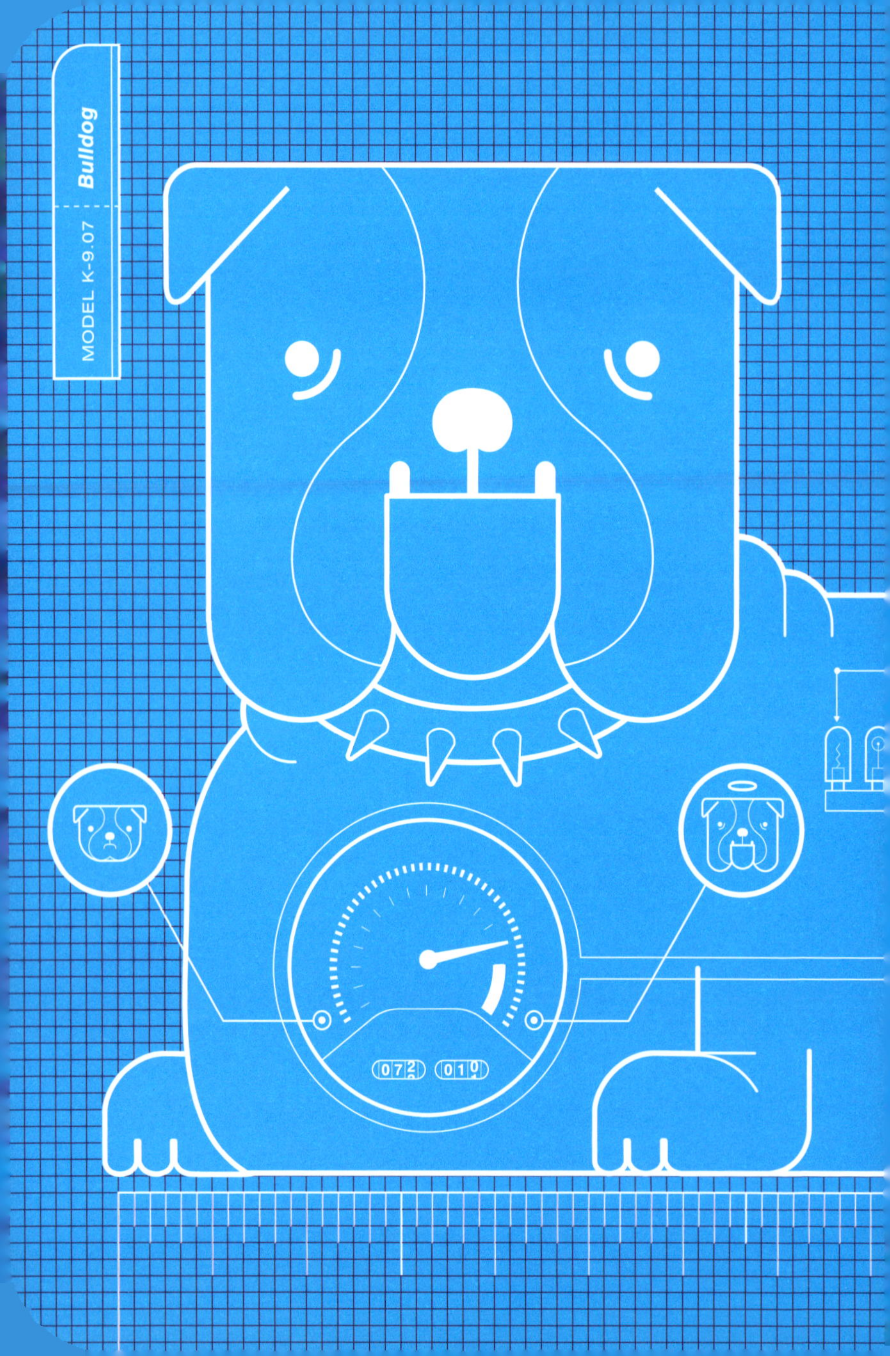
MODEL K-9.07
Bulldog

[ Capitolo 7 ]

# Crescita e sviluppo

# Fasi di crescita del cucciolo

**A differenza della maggior parte dei beni di consumo, che possono essere potenziati solo tramite l'acquisto e l'installazione di costose periferiche, i cani sono in grado di perfezionare in modo autonomo le proprie capacità cognitive e meccaniche. Tale caratteristica è evidente nei cuccioli che, nel giro di pochi mesi, da unità inermi ed estremamente dipendenti si trasformano in sistemi pressoché autonomi. Ecco una panoramica sulle tappe fondamentali di tale processo di perfezionamento.**

## Dalla nascita all'ottava settimana

**Alla nascita, i cuccioli dipendono completamente dalla madre. Nascono con gli occhi e i canali auricolari chiusi. Cominciano a camminare quando raggiungono, più o meno, il sedicesimo giorno di vita. Le palpebre si aprono intorno alla seconda settimana, mentre i canali auricolari si "sbloccano" verso il diciassettesimo giorno. I piccoli iniziano a "scaricarsi" senza bisogno dell'intervento della madre (che ne lecca l'area dei genitali per stimolare il processo di evacuazione) verso il ventitreesimo giorno di vita. Verso i 25 giorni d'età, i cuccioli iniziano a rispondere agli stimoli visivi e acustici. Tra la quarta e la sesta settimana compaiono i denti "da latte" e, contestualmente, avviene il passaggio al cibo solido.**

**Tappe fondamentali nella programmazione** In questa primissima fase i cuccioli possono imparare ben poco, tuttavia si può dare loro un'infarinatura alla socializzazione. Per esempio, una "manipolazione" delicata e frequente del piccolo lo abituerà ai contatti umani. Ricordatevi che in questo periodo cruciale il cucciolo deve restare accanto alla mamma e ai fratellini: soltanto loro possono aiutarlo a effettuare il download di programmi fondamentali.

## Dall'ottava alla quindicesima settimana

**Lo svezzamento completo avviene intorno all'ottava settimana. Si può iniziare a somministrare ai cuccioli piccole quantità di cibo solido (come integrazione al latte materno) verso la quarta settimana, quando**

**cominciano a spuntare i primi dentini. Scegliete una pappa formulata appositamente per i cuccioli (ha la consistenza del semolino). Con il passare delle settimane, andrà gradualmente aumentata la percentuale di cibo solido nell'"omogeneizzato" del piccolo.**

**Tappe fondamentali nella programmazione** È la fase in cui il piccolo può iniziare l'apprendimento delle regole dell'interfaccia con gli umani. Dall'ottava settimana in poi è accettabile che un cucciolo venga separato dalla mamma e dai fratellini per essere adottato dalla sua nuova famiglia di umani. Da questo momento in poi si può dare il via all'addestramento (al trasportino, al guinzaglio e alle abitudini igieniche).

## Dalla sedicesima settimana all'undicesimo mese

**La fase della pubertà inizia intorno ai 6-8 mesi di vita. In media, la femmina raggiunge la maturità sessuale tra i 9 e i 15 mesi; il maschio tra i 7 e i 12. (Per ulteriori dettagli si veda p. 141.)**

**Tappe fondamentali nella programmazione** Tra le 12-20 settimane, il cucciolo comincia a spaventarsi se viene lasciato solo, o se si ritrova in ambienti nuovi. Un corso di socializzazione per cuccioli può ridurre il problema, che, comunque, di solito si risolve spontaneamente. Questa fase è il momento ideale per iscrivere il cucciolo a un corso base di addestramento all'obbedienza.

## Dodicesimo mese

**A un anno di vita un cucciolo farà il suo ingresso ufficiale nell'età adulta. In linea di massima, a quest'età sarà ormai pronto per passare dalla pappa formulata per i piccoli a un cibo più "da grandi".**

**Tappe fondamentali nella programmazione** Teoricamente, dovrebbe essere già del tutto "socializzato", e forse noterete un innalzamento nella sua soglia dell'attenzione. È l'occasione perfetta per un corso di addestramento avanzato.

SETTE MESI
OTTO MESI
NOVE MESI
DIECI MESI
UNDICI MESI
DODICI MESI
TREDICI MESI
28
29
30
31
32
33
34
35
36
37
38
39
40
41
42
43
44
45
46
47
48
49
50
51
52
53
54
55
56
6
7
8
10
12
13
14

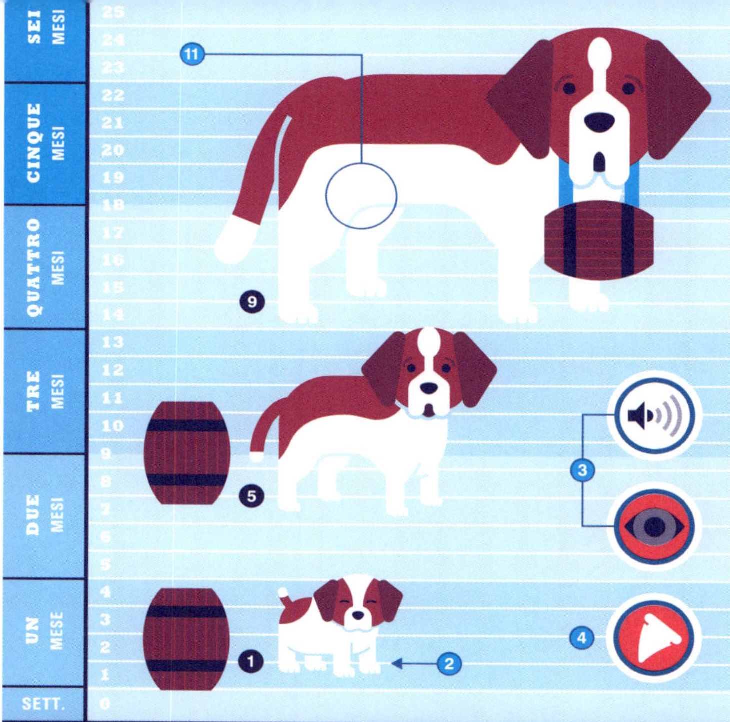


**1 NASCITA - 8ª SETTIMANA:**

2 a 16 giorni: inizia a camminare

3 a 25 giorni: piena funzionalità dei sensori acustici e visivi

4 a 4-6 settimane: denti "da latte"

**5 8ª - 15ª SETTIMANA:**

6 Inizia l'addestramento al trasportino

7 Inizia l'addestramento al guinzaglio

8 Apprende le abitudini igieniche

**9 16ª SETTIMANA - 11° MESE:**

10 a 12-20 settimane: si consiglia l'addestramento base all'obbedienza

11 a 6-8 mesi: ingresso nella pubertà

**12 12° MESE:**

13 Passaggio alla pappa per adulti

14 Si innalza la soglia di attenzione

**CRESCITA DEL CUCCIOLO** Nei primi 12 mesi, aggiornerà incessantemente la sua programmazione.

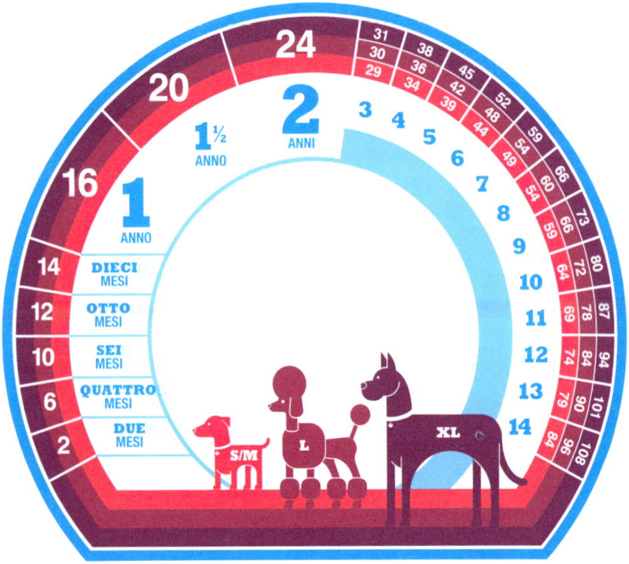


## Calcolo dell'età in "anni cane"

Secondo un diffuso luogo comune, un anno di un cane corrisponde a sette di quelli del calendario. In realtà, l'invecchiamento canino raggiunge il suo picco entro i primi due anni di vita.

Dopo di che, la proporzione tra anno "umano"/"cane" scende a 5 a 1 nelle razze di taglia piccola e media. In quelle di grossa taglia il rapporto è di 6 a 1, mentre per quelle giganti è di 7 a 1. In pratica, un Alano di 10 anni avrebbe 80 "anni cane", mentre un Carlino ne avrebbe solo 64.

# Dentizione

**In un cane i denti fanno la loro prima comparsa tra la quarta e la sesta settimana di vita; più o meno nello stesso momento avverrà il passaggio al cibo solido. Proprio come avviene negli umani, i primi denti che compaiono sono quelli "da latte". Intorno al terzo o quarto mese gli**

incisivi centrali vengono rimpiazzati dai denti "adulti" definitivi. I canini permanenti (incisivi) escono durante il sesto mese; i premolari tra il quarto e il sesto; i molari tra il quinto e il settimo mese. Quando l'intera dentatura sarà quella definitiva, il cucciolo proverà un bisogno quasi irrefrenabile di masticare (tale operazione contribuisce a rendere più saldi i denti nelle mandibole). Per evitare che la vostra unità canina si metta a masticare pezzi di mobilio o altri beni di valore, mettetegli a disposizione un buon numero di giocattoli e accessori... e tenetela sempre d'occhio.

# Esigenze nutritive

L'alimentazione di un cucciolo richiede cibi di alta qualità, formulati espressamente per le fasi iniziali della crescita. Fatevi consigliare dal veterinario la marca di pappa che possa sopperire al meglio alle esigenze nutritive del vostro modello. In generale, comunque, non si dovrebbe dare da mangiare al cucciolo più di quanto riesca a consumare nel giro di 5-10 minuti. Ai piccoli di età compresa tra le 6-12 settimane di solito si possono dare tre pasti al giorno; a quelli che vanno dalla dodicesima settimana ai 6 mesi ne basteranno due. Dai 6 mesi d'età in poi si può passare al regime di un pasto al giorno – o al massimo due.

⚠ ***ATTENZIONE*** *Salvo diversa indicazione da parte del veterinario, non date mai a un cucciolo vitamine o qualsivoglia altro integratore alimentare.*

# Maturità sessuale

Il raggiungimento della maturità sessuale varia da razza a razza e da individuo a individuo in un range che oscilla tra i 9-15 mesi per le femmine e i 7-12 mesi per i maschi. Solitamente le cagne vanno in calore (estro) per tre settimane due volte l'anno. Durante tale periodo la femmina è ricettiva alle avance del maschio ed è in grado di procreare. Nel periodo dell'estro la cagna va tenuta confinata – o comunque sotto stretta sorveglianza – perché attrarrà ogni maschio in circolazione (anche da grandi distanze).

**I cani maschi non hanno il "ciclo": sono in grado di riprodursi per tutto l'arco dell'anno e si accoppieranno ogni volta che incontreranno una femmina ricettiva. La maturità sessuale di un maschio potrebbe manifestarsi anche mimando la "copula" (magari con una gamba del padrone), oppure alzando una zampa durante la minzione. (Si veda "Sterilizzazione e castrazione" qui di seguito.)**

***LA PAROLA ALL'ESPERTO*** *Come si osserva anche negli adolescenti umani, l'ingresso nella pubertà può provocare qualche "turba" nella personalità di un cane. Fargli fare più esercizio fisico – oltre che farlo sterilizzare/castrare in età prepuberale – può mitigare tali comportamenti.*

## Sterilizzazione e castrazione

**Ogni padrone responsabile avrebbe il dovere di fare sterilizzare il proprio cane. Le pratiche riproduttive incontrollate non fanno che peggiorare il già serio problema del sovrappopolamento canino (con il conseguente aumento del fenomeno del randagismo). A meno che intendiate espressamente far figliare il vostro cane (cosa non consigliabile se non nel caso dei modelli con pedigree), dovreste farlo sterilizzare prima che raggiunga la maturità sessuale. Tale pratica per i maschi si chiama castrazione (asportazione dei testicoli); per le femmine sterilizzazione (asportazione di utero e ovaie). Generalmente, i maschi castrati sono meno aggressivi ed eccitabili – e molto meno girovaghi – di quanto lo siano i loro soci "integri". Inoltre, nei soggetti castrati si registra una minore incidenza di problemi di salute, per esempio disturbi alla prostata e cancro ai testicoli.**

**Parimenti, le cagne sterilizzate prima della pubertà non corrono quasi più il rischio di sviluppare tumori alle mammelle (una malattia altrimenti molto frequente). Così come viene messa fine anche ad altri disturbi assai comuni nelle femmine "integre", come cisti ovariche, infezioni all'utero e tumori all'apparato riproduttivo. I cani sterilizzati/castrati tendono a ingrassare più facilmente. Per evitare che ciò accada, basta ridurre del 10-20 per cento l'apporto calorico giornaliero e aumentare l'esercizio fisico. In generale si può fare sterilizzare un cane dalla sedicesima settimana in poi.**

## VANTAGGI DI CASTRAZIONE E STERILIZZAZIONE

**LA CASTRAZIONE RIDUCE I RISCHI DI:**

1. Aggressività
2. Problemi alla prostata
3. Tumore ai testicoli

**LA STERILIZZAZIONE RIDUCE I RISCHI DI:**

4. Tumore alle mammelle
5. Cisti ovariche
6. Infezioni all'utero
7. Tumore all'apparato riproduttivo
8. Gravidanze indesiderate

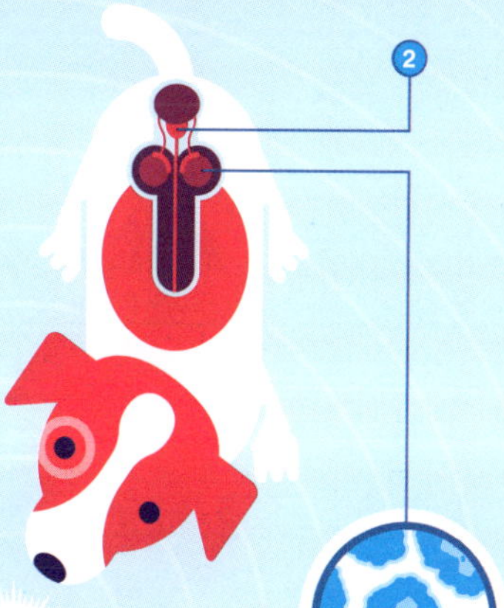

Beagle
MODEL K-9.08

[ Capitolo 8 ]

# Manutenzione interna

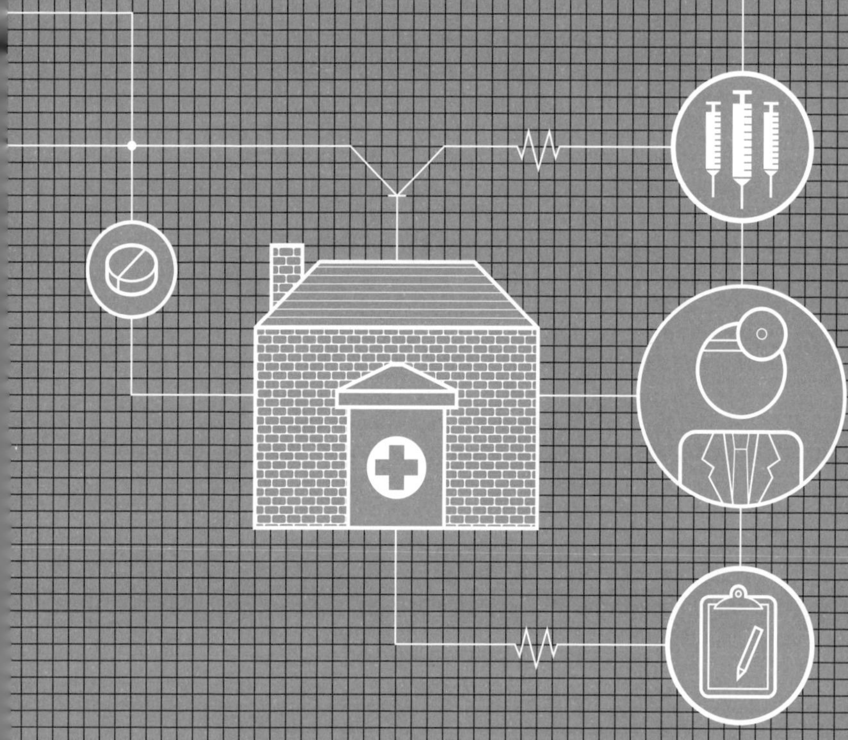

**I padroni di cani possono contare su strutture altamente specializzate per ricevere supporto e assistenza nel caso di guasti meccanici o anomalie nel software della loro unità. Questo capitolo illustra come selezionare e sfruttare al meglio il vostro centro assistenza. Vi spiega anche come individuare e "riparare" personalmente i guasti di minore entità.**

# Selezione di un centro assistenza

**Forse, tra i vari compiti di un proprietario di cane, il più importante in assoluto è la scelta del veterinario giusto. Il candidato perfetto sarà quello che riuscirà a prendersi cura del vostro animale per tutto l'arco della vita di quest'ultimo. Dovrà tenere un'accurata documentazione dei trattamenti a lungo termine e delle vaccinazioni; registrare come il paziente reagisce a particolari medicine; e persino imparare a comprendere e a tenere conto delle eventuali "stranezze" nella programmazione del vostro cane. Una conoscenza così approfondita sarà utile nella normale manutenzione, ma si rivelerà addirittura vitale nelle situazioni di emergenza. Ecco alcune linee guida per aiutarvi nella scelta di un centro assistenza.**

- Quando preparate una lista di possibili candidati, consultatevi con altre persone che possiedono un cane. Anche i vari club possono fornirvi un elenco di veterinari qualificati (talvolta, addirittura, di medici specializzati nell'assistenza a particolari modelli).
- Fissate un appuntamento con il veterinario più papabile. Durante l'incontro parlategli delle esigenze specifiche del vostro cane. È una persona che vi ispira fiducia? Può vantare ottime credenziali?
- Passate in rassegna la struttura. Vi sembra pulita e ben tenuta? Che genere di servizi e apparecchiature diagnostiche può garantire? Come vengono gestite le chiamate d'emergenza?
- Assicuratevi che sia comoda anche da un punto di vista logistico. Segue degli orari di apertura che potrebbero andarvi bene? È in una zona facilmente raggiungibile? Decidere di avvalersi di un ambulatorio veterinario molto lontano da casa vostra, o che segua orari strani, sarebbe nel migliore dei casi scomodo, nel peggiore addirittura fatale per il vostro cane.

***LA PAROLA ALL'ESPERTO*** *A volte può essere utile scegliere un veterinario ancor prima di avere adottato un cane. Se non siete ancora sicuri sulla scelta del modello più adatto a voi, il parere di un esperto si rivelerà prezioso.*

# Verifica domestica dell'unità canina

**I proprietari dovrebbero ispezionare con regolarità il modello di cui dispongono per individuare tempestivamente eventuali anomalie. Il momento migliore per procedere a tali verifiche è offerto dalle sessioni di grooming. Ecco come può procedere il vostro check-up.**

**Bocca** I denti dovrebbero essere bianchi e le gengive avere una tonalità rosata (a meno che si tratti di un modello che le abbia naturalmente nere). All'interno della bocca non devono esserci gonfiori anomali o protuberanze. L'unità non dovrebbe emanare un alito cattivo (si veda "Alitosi", p.154).

**Occhi** In un cane sano gli occhi devono essere limpidi, privi di secrezioni eccessive, irritazioni e opacità. Anche il fatto che un occhio resti più chiuso dell'altro andrebbe segnalato al veterinario.

**Orecchie** Al loro interno devono essere rosate, prive di odori e di secrezioni scure. Verificate che non vi siano punti cedevoli, doloranti o pruriginosi.

**Peso** Se attraverso la palpazione non riuscite a sentire la cassa toracica, il vostro cane potrebbe essere sovrappeso. Se, invece, le costole risultassero troppo sporgenti, potrebbe essere denutrito.

**Zampe** Assicuratevi che i polpastrelli non presentino screpolature e che anche le unghie e gli speroni (se presenti) siano in condizioni ottimali.

**Porta di scarico** Verificate che l'area sia pulita, asciutta, senza protuberanze o taglietti.

# VERIFICA DOMESTICA DELL'UNITÀ CANINA

## MODELLO SANO

1. Denti bianchi e puliti, gengive rosa (non nei modelli a pigmentazione nera)
2. Occhi limpidi
3. Interno rosato, privo di secrezioni
4. Peso nella norma
5. Unghie curate
6. Porta di scarico pulita
7. Mantello lucido e uniforme senza tracce di pulci o irritazioni cutanee

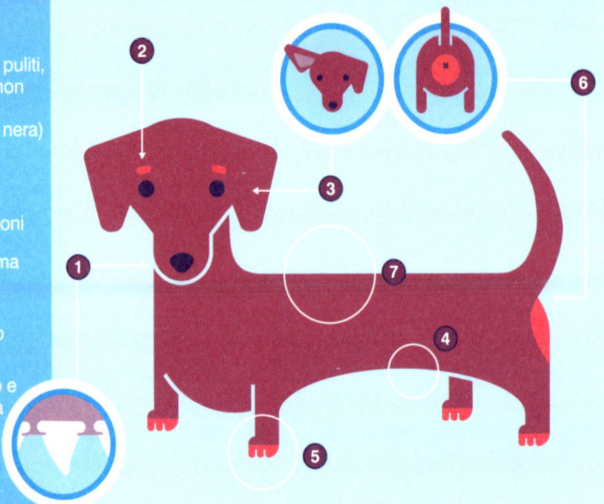


## MODELLO DIFETTOSO

1. Alitosi
2. Secrezioni, palpebre semichiuse, irritazioni od opacità
3. Secrezioni, punti molli, prurito
4. Sovrappeso o sottopeso
5. Unghie non curate, polpastrelli screpolati
6. Porta di scarico pulita
7. Tracce di pulci
8. Punti spelacchiati
9. Eccessiva perdita di pelo

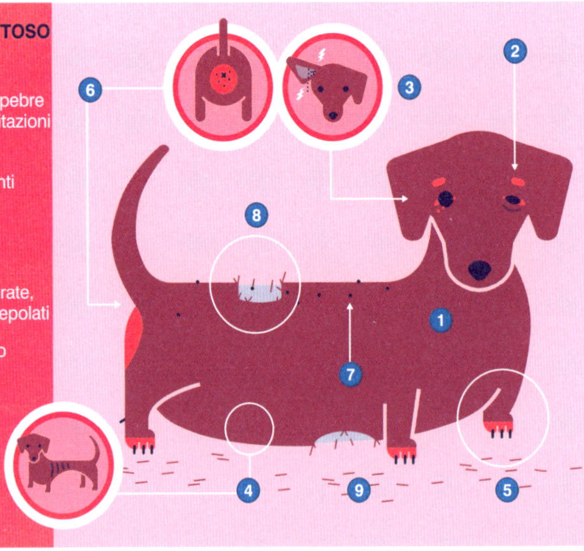

**Pelle** Servendovi di un pettine, esaminate la cute. Controllate se ci sono "tracce" di pulci (i loro escrementi ricordano minuscoli granelli di pepe). La pelle dovrebbe essere priva di odore, sebo, croste, scaglie o altri segni di irritazione.

**Mantello** Verificate che non vi siano aree prive di pelo, opache e/o improvvise, eccessive perdite di peli.

# Rivolgersi al centro assistenza

**Se si escludono le emergenze, la maggior parte dei cani richiederà qualche visita veterinaria nel primo anno di vita e poi dei check-up annuali. Qui di seguito troverete una linea guida orientativa di quando dovreste fissare queste visite e di che cosa dovreste aspettarvi dal vostro veterinario.**

## 6-8 settimane

- Esame fisico generale
- Vaccinazione generale (una combinazione di vaccini per cimurro, epatite, parainfluenza e parvovirus)
- Esame delle feci per verificare l'eventuale presenza di parassiti
- Sverminazione
- Iniziare la profilassi per la filariosi e il trattamento contro le pulci (se la stagione lo richiede)

## 10-12 settimane

- Esame fisico generale
- Vaccinazione generale (con l'aggiunta del vaccino contro la leptospirosi)
- Sverminazione
- Vaccinazione contro la Bordetella (tosse "canina" o "da canile")
- Iniziare la profilassi per la filariosi e il trattamento contro le pulci (se la stagione lo richiede)

## 14-16 settimane

- Esame fisico generale
- Vaccinazione generale (con l'aggiunta del vaccino contro la leptospirosi)
- Vaccinazione contro la Bordetella (tosse "canina" o "da canile")
- Antirabbica
- Iniziare la profilassi per la filariosi e il trattamento contro le pulci (se la stagione lo richiede)

## Check-up annuale

- Esame fisico generale
- Richiamo delle vaccinazioni principali (vedi sopra)
- Vaccinazione contro la Bordetella (tosse "canina" o "da canile")
- Richiamo dell'antirabbica (se ciò rientra nelle norme vigenti nella vostra zona)
- Sverminazione (se necessaria)
- Esame del sangue per la filariosi
- Esami completi per cani maturi (dai 5-7 anni in poi per misurare la funzionalità renale, epatica, la glicemia e la funzionalità di altri organi)

⚠ ***ATTENZIONE*** *La regolamentazione in materia di vaccinazioni – per esempio quella volta a contrastare la borreliosi (malattia di Lyme) – varia da Paese a Paese. Attualmente si dibatte molto su quali vaccini sia opportuno somministrare e con quale frequenza vadano fatti i richiami. Consultate il vostro veterinario per farvi dare un consiglio e informazioni dettagliate.*

# Anomalie (potenzialmente gravi) nell'hardware

**In media, nell'arco della vita, un cane conoscerà molti "singhiozzi" nelle sue componenti meccaniche, la maggior parte dei quali si risolverà da sola. Se però, entro le ventiquattr'ore, i sintomi dovessero persistere o aggravarsi, è consigliabile che vi rivolgiate al veterinario.**

**Collasso** Se il vostro cane è caduto e non riesce a rimettersi in piedi, chiamate il veterinario e preparatevi a portarlo immediatamente in clinica. Cercate di ricordare che cosa è successo un attimo prima dell'incidente: disporre di questo genere di informazioni aiuterà a risalire alla causa dell'accaduto.

**Consumo eccessivo di acqua** Soprattutto in un modello anziano, o sovrappeso, una sete eccessiva può essere sintomo di diabete o disfunzioni renali.

**Convulsioni** Possono essere dovute a una grande quantità di disfunzioni, dall'avvelenamento a una grave ferita alla testa. Restate con la vostra unità per tutto il decorso dell'episodio e, se possibile, prendete nota della sua durata. Dopo di che, consultate il veterinario. Se l'attacco perdura per oltre 5 minuti, portate il cane (se necessario, mentre ha ancora le convulsioni) in ambulatorio. Non tenetegli le mani vicino alla bocca.

**Decolorazione delle gengive** Gengive rosa indicano che l'ossigenazione dei tessuti è nella norma. Se sono sbiadite, bianche, bluastre o gialle, si rende necessario l'intervento del veterinario. Per fare una prima stima della situazione circolatoria della vostra unità canina, esercitate una breve pressione sulle sue gengive. In condizioni ottimali, la colorazione rosa dovrebbe ricomparire in 1 o 2 secondi. Se ci mette meno di 1 o più di 3 secondi, potrebbe essere segno di problemi vascolari in atto.

**Diarrea** Un episodio isolato può dipendere da fattori non allarmanti, come un cambiamento nel tipo di alimentazione. Se però il problema dovesse persistere nelle 24 ore, contattate il veterinario. Scariche di diarrea prolungate possono provocare disidratazione (se un soggetto è disidratato, la pelle perde in elasticità: provate a dare un lieve "pizzicotto" al cane per controllarne il grado di elasticità cutanea).

**Difficoltà respiratorie** Prolungati disturbi respiratori (tosse, starnuti, respiro affannoso ecc.) possono essere sintomo di numerose disfunzioni, dal soffocamento all'arresto cardiaco. Consultate subito il veterinario.

**Febbre** In media, la temperatura corporea di un cane in buone condizioni di salute si aggira intorno ai 38-39 °C. Una temperatura superiore ai 39,5 °C viene considerata febbre. Se si oltrepassa la soglia dei 40,25 °C si dovrà correre al più presto in clinica. (Si veda "Misurazione della temperatura corporea", p. 159.)

**Irritazioni cutanee** Una piccola area di pelle secca o un piccolo hot spot (si veda p. 154) possono essere curati anche da voi a casa. Mentre, qualunque escoriazione che appaia rossa e irritata, che produca siero o secrezioni – o che comunque sia fonte di dolore per il cane – dovrebbe essere trattata professionalmente.

**Perdita dell'appetito** Può essere dovuta a un'infinità di fattori: una malattia infettiva, uno stato di grave sofferenza fisica, ma anche a un disturbo psicologico. Di tanto in tanto, tuttavia, capita che un cane "snobbi la sua ciotola", dunque – se il problema si risolve entro le 24 ore – non c'è da allarmarsi.

**Perdita di peso** Un repentino calo ponderale può essere sintomo di una vasta gamma di disturbi, compreso il cancro. Tuttavia, può anche essere semplicemente segno del fatto che il cane non sta ricevendo un sufficiente apporto calorico giornaliero. Consultate il vostro veterinario.

**Sanguinamento** I tagli e le escoriazioni più superficiali possono essere medicati in casa. Lesioni più gravi o altre ferite che presentino perforazioni richiedono un intervento immediato del veterinario, così come le persistenti e copiose perdite ematiche da una ferita o un orifizio. Le occasionali e lievi perdite di sangue causate dai movimenti intestinali solitamente non sono sintomo di un problema grave.

**Secrezioni auricolari** In un cane sano la produzione di una piccola quantità di cerume è normale. Se però diventa eccessiva, assume una colorazione diversa o emana un cattivo odore, rivolgetevi al veterinario.

**Secrezioni oculari** Una certa quantità di liquido lacrimale è normale.

Secrezioni gialle e/o verdognole dovrebbero essere segnalate al veterinario. Anche arrossamenti e/o gonfiori agli occhi vanno subito monitorati.

**Urinazione, anomalie nella** In un cane solitamente "beneducato", anomalie nell'urinazione (continui scarichi non autorizzati) possono essere sintomo di problemi che vanno dalle disfunzioni renali al diabete a un'infezione delle vie urinarie. Oppure, più semplicemente, essere un primo indizio di vecchiaia.

**Tremori** Possono segnalare qualunque tipo di disturbo, da una malattia di origine neurologica all'avvelenamento. Consultate immediatamente il vostro veterinario.

**Vomito** Un cane che, nell'arco delle 24 ore, vomiti una o due volte, va senz'altro tenuto d'occhio (anche se, molto spesso, il problema si risolve spontaneamente). Invece, un soggetto che vomiti ripetutamente per 12 ore richiede senz'altro una visita veterinaria. Se vi accorgete che nel vomito ci sono tracce di sangue, chiedete subito aiuto.

**Zoppia (persistente)** Potrebbe essere segno di svariate disfunzioni, da una semplice distorsione alla displasia dell'anca, fino all'osteoartrite. Se il problema non svanisce nell'arco di 1 o 2 ore, consultate il veterinario.

# Anomalie (minori) nell'hardware

**Le disfunzioni di minore gravità spesso possono essere risolte grazie alle tecniche base di pronto soccorso. Per valutare la reale entità del problema, chiedetevi come vi comportereste se fosse un bambino a trovarsi in quelle condizioni. Se sareste pronti a portare subito il bimbo in ospedale, portate subito dal veterinario il vostro cane.**

**Alitosi** Può essere sintomo di disturbi alle gengive, di placche batteriche, o di numerosi altri problemi dentali. Un alito dolciastro, dall'odore fruttato, può essere segno di diabete.

**Danneggiamento degli speroni** Un'eccessiva crescita, unita al fatto che gli speroni sono sprovvisti di sostegni ossei, fa sì che – nel caso restino impigliati in superfici come tappeti, sterpaglie o erba alta – possano danneggiarsi. Se la lacerazione è di piccola entità, trattatela come un taglio superficiale (si veda alla pagina accanto). Se è grave, consultate il veterinario. Spesso la cosa migliore da fare è asportare (chirurgicamente) gli speroni.

***Hot Spot* (eczema umido)** Si tratta di una dermatite localizzata che procura un forte prurito e irritazioni autoinferte (spesso il cane si lecca insistentemente nel punto pruriginoso, irritando la pelle). Questo genere di disturbo può provocare una fortissima sensazione di fastidio e – se non viene tempestivamente curato – tende a peggiorare molto in fretta. Se l'area interessata è piccola, tagliate il pelo e frizionate con acqua ossigenata. Finché la situazione non si sarà del tutto normalizzata, pulite tutti i giorni il punto lesionato con del disinfettante e con prodotti astringenti. Potrebbe essere necessario ricorrere ad antibiotici o a una pomata idrocortisonica. In caso di aree più vaste, rivolgetevi al veterinario.

**Irritazione cutanea** Pulite l'area interessata, rimuovete (se l'avete individuato) l'agente scatenante e applicate una pomata idrocortisonica 2-3 volte al giorno.

**Reazioni allergiche minori** Spesso provocate da una puntura di insetto. Applicate una pomata idrocortisonica 2-3 volte al giorno.

**Tagli e abrasioni superficiali** Pulite accuratamente l'area interessata con sapone neutro e acqua. Un'ottima alternativa sono le salviette umidificate per bambini. Applicate un unguento a "tripla" azione antibiotica 2 volte al giorno.

**Unghie rotte o sanguinanti** Se la porzione che si è rotta è piccola e vicina al bordo, asportatela con delicatezza servendovi di un trimmer "per umani" (è perfetto per tagliare via i pezzettini di unghia frastagliati). In tutti gli altri casi, invece, utilizzate un apposito tronchesino per cani. Se l'unghia è rotta in prossimità della base (con conseguenti perdite ematiche), rivolgetevi al veterinario.

## Kit di riparazione domestica

**La maggior parte dei problemi medici riguardanti il vostro cane sarà di competenza del veterinario. A casa è comunque possibile trattare i casi di lieve entità impiegando l'equipaggiamento descritto qui di seguito. Mettete tutti gli strumenti in un contenitore (una scatola di plastica rigida è l'ideale) e riponetelo in un luogo facilmente accessibile. Aggiungete nome e numero di telefono del vostro veterinario, oltre ai recapiti della clinica per animali più vicina.**

- Cotone idrofilo
- Garza in compresse e in bende
- Forbici
- Collirio
- Schizzetto per la bocca
- Asciugamano grande
- Guanti sterili
- Nastro chirurgico
- Ghiaccio istantaneo
- Termometro (digitale)
- Sparapillole (si veda p. 157)

**È probabile che vicino al vostro kit vogliate tenere l'intera documentazione medica riguardante il vostro cane. Tale cartella dovrebbe contenere tutte le informazioni rilevanti circa la sua storia clinica, compresi:**

- Un elenco di tutte le vaccinazioni eseguite (con le date)
- Un elenco delle medicazioni già ricevute
- Terapie in corso, compresi trattamenti preventivi contro filaria e pulci
- Esami del sangue, con esiti e date
- Se possibile, copie delle fatture dell'ambulatorio e delle varie anamnesi (questi documenti costituiscono un'utile documentazione storica circa le condizioni cliniche passate e i trattamenti subiti dal vostro cane)

# Medicinali

**Nonostante la maggior parte delle medicine formulate per gli esseri umani si riveli inefficace – o perfino pericolosa – per i cani, molti possono essere utili, se non addirittura provvidenziali. Comunque sia, non si dovrebbe mai somministrare a un cane un medicinale "umano" – neppure uno di quelli elencati qui di seguito – senza espressa approvazione del veterinario. Anche se il principio attivo potrebbe essere effettivamente quello "giusto", è molto difficile stabilire il dosaggio corretto.**

**Acqua ossigenata** Un ottimo disinfettante generico.

**Benadryl** Un comune antistaminico usato in caso di punture/morsi d'insetto, reazioni ai vaccini, prurito ecc. Chiedete al veterinario quale sia il dosaggio corretto.

**No-gas** Proprio come per gli umani, questo genere di compresse agisce contro dolori e gonfiore di stomaco. In commercio esistono numerosi pro dotti altrettanto efficaci. Chiedete al vostro veterinario quale sia il dosaggio corretto.

**Pomata idrocortisonica** Per *hot spot* e reazioni allergiche a livello cutaneo.

**Isopropyl** Una miscela di alcol isopropilico (per frizioni) e aceto. Perfetto per la pulizia delle orecchie.

**Pedialyte** Reidrata e ristabilisce l'equilibrio elettrolitico nei cani che hanno avuto scariche diarroiche.

**Pomata a "tripla" azione antibiotica** utile nel trattamento di tagli e abrasioni superficiali.

# Somministrazione di pillole

**Se vi trovate a dover somministrare compresse con regolarità, potreste comprare un apposito sparapillole, cioè un lungo tubo di plastica dotato di uno stantuffo, progettato per "sparare" pasticche direttamente nella bocca del cane. Se non ne avete uno a portata di mano, usate la tecnica descritta qui sotto.**

[ 1 ] Con la mano non dominante, sollevate la testa del cane (Fig. A). Mettetegli la mano sul muso, tenendo il pollice da una parte e le dita dall'altra.

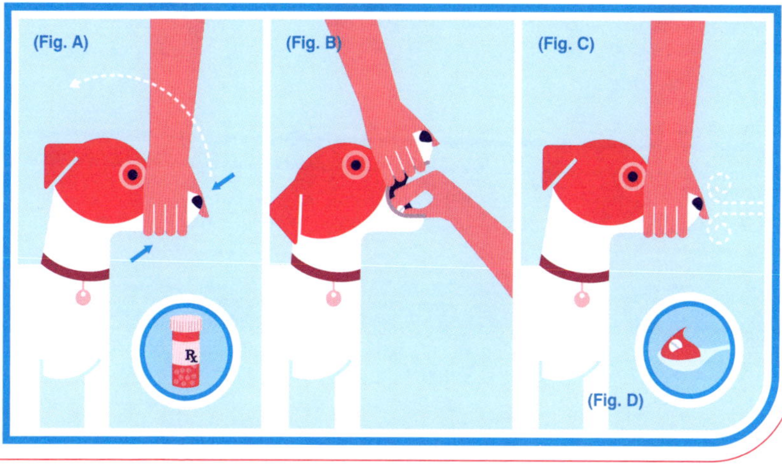

[ **2** ] Sollevategli il naso con fermezza fino a quando riuscirete ad aprirgli la bocca (Fig. B).

[ **3** ] Tenete la pillola tra il pollice e l'indice della vostra mano dominante, dopo di che – con le altre tre dita della stessa mano – esercitate una lieve pressione sulla mandibola per aprirgli la bocca ancora di più.

[ **4** ] Mettetegli la pillola in bocca (facendo in modo che non si fermi sulla lingua), serrategli le mandibole e tenetele chiuse per qualche istante (Fig. C).

***LA PAROLA ALL'ESPERTO*** *Soffiate sul naso del cane lo indurrà a deglutire. Molti modelli, inoltre, apprezzeranno se "occulterete" la pillola in qualche alimento di loro gradimento (Fig. D).*

[ **5** ] Una volta che la pillola sarà stata diligentemente deglutita, premiate il vostro cane con una lode o un biscotto: ciò faciliterà le future somministrazioni

# Misurazione della frequenza cardiaca

**Di norma, le pulsazioni di un cane sano vanno dai 60 ai 140 battiti al minuto. Se fossero fuori da questo spettro, contattate immediatamente il veterinario.**

[ **1** ] Incoraggiate il vostro cane a sdraiarsi sul fianco destro.

[ **2** ] Piegategli la zampa anteriore sinistra, facendo in modo che il "gomito" arrivi a toccare il torace.

[ **3** ] Mettete la mano in quel punto. Potete anche usare uno stetoscopio.

[ **4** ] Contate i battiti controllando, nel frattempo, il passare dei secondi sull'orologio. Contate per 60 secondi. Oppure per 6 e aggiungete uno zero.

# Misurazione della temperatura corporea

**Usate un termometro digitale; non impiegate i termometri da orecchio: sono progettati per gli umani e sono incompatibili con la struttura dei canali auricolari canini.**

[ **1** ] Procuratevi un assistente che tenga saldamente fermo il cane (Fig. E).

[ 2 ] Lubrificate il termometro con vaselina o con altre sostanze in commercio (Fig. F).

[ **3** ] Sollevategli la coda e inserite il termometro nel retto per circa 2,5 cm (Fig. G). Mantenetelo in posizione finché suona.

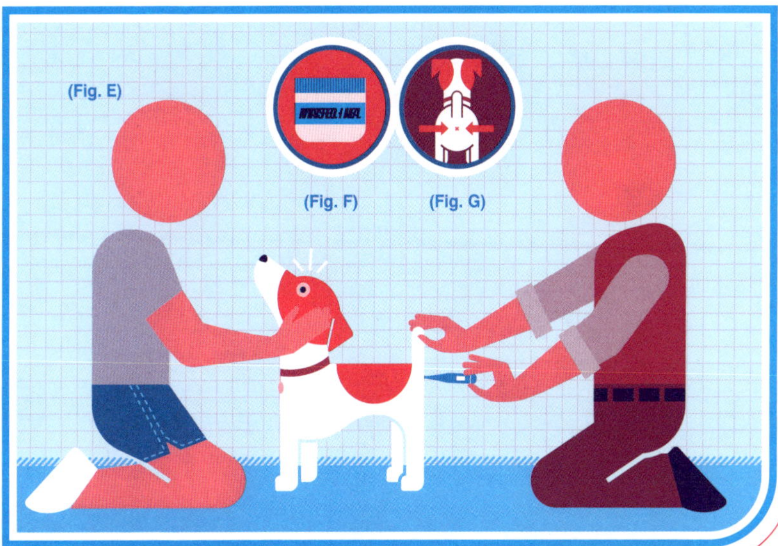

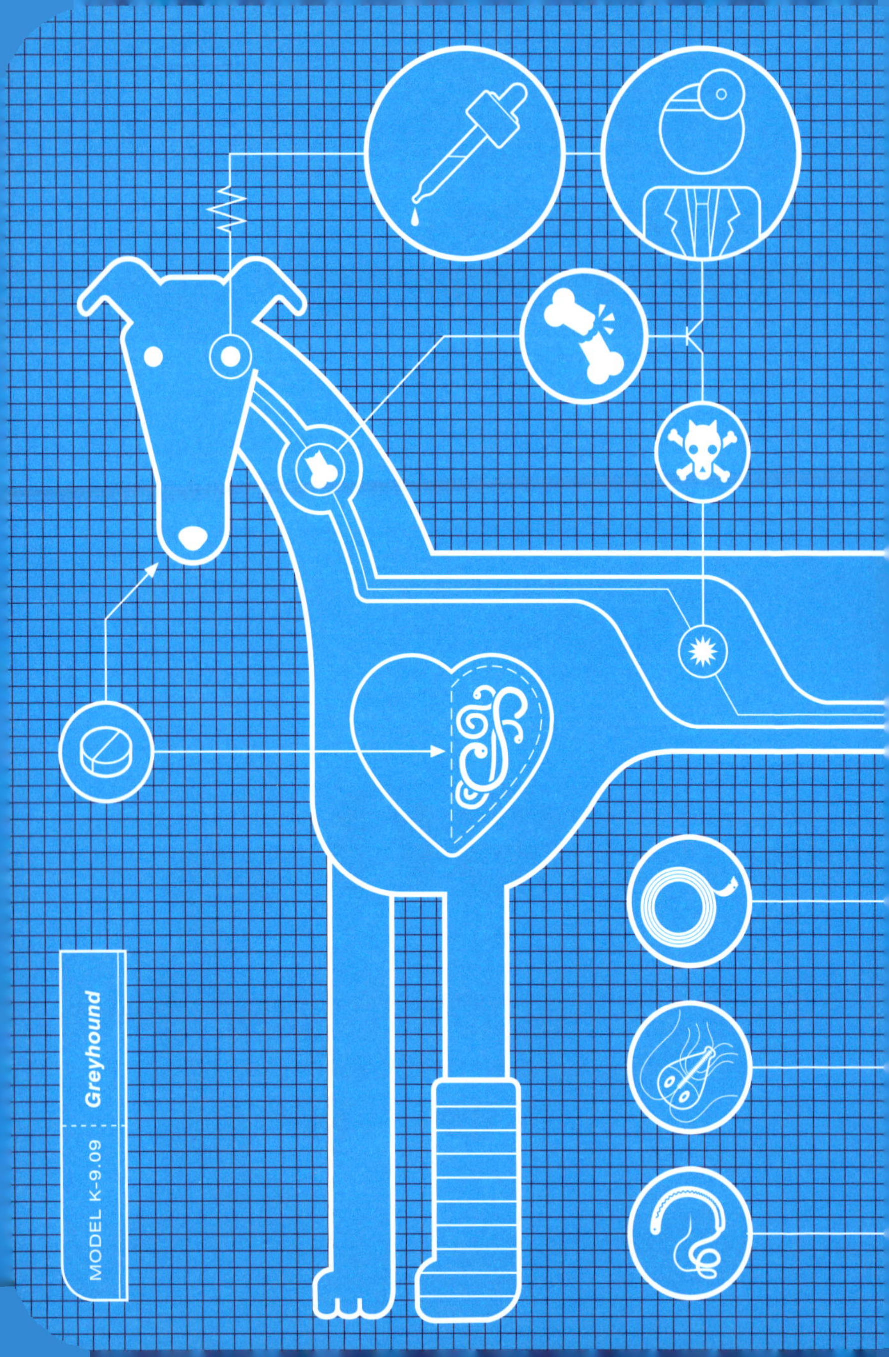
MODEL K-9.09
Greyhound

[ Capitolo 9 ]

# Guasti ed emergenze

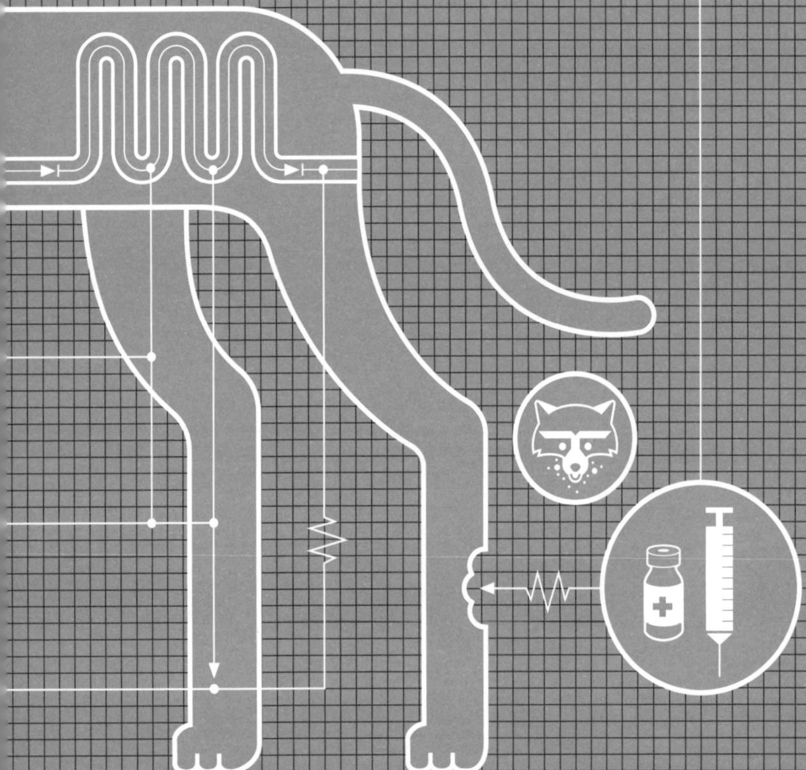

**Questa sezione offre una carrellata sui "guasti" più significativi – e pericolosi – cui potrebbe andare incontro il vostro cane. Non lasciatevi spaventare dall'elenco riportato qui di seguito: una corretta manutenzione e l'assistenza di un esperto possono risolvere, o mitigare, buona parte di questi problemi. Per praticità di consultazione, le malattie sono contrassegnate con una croce (✚) quando richiedono l'immediato intervento del veterinario. Un teschio (☠) segnala invece le malattie potenzialmente letali.**

# Malattie infettive

**Per ognuna delle malattie qui riportate sono disponibili vaccini che andrebbero somministrati in base alla cadenza consigliata dal veterinario.**

✚ **Bordetella canina** Nota anche con il nome di tosse "canina" o "da canile", questa infezione di origine batterica può provocare – per 2-3 settimane – una violenta tosse cronica.

✚ **Borreliosi (malattia di Lyme)** Tale patologia viene trasmessa dalle zecche. Tra le altre cose, può provocare disfunzioni a livello neuromuscolare e articolare. La borreliosi rientra tra le malattie trasmissibili dal cane all'uomo.

✚ ☠ **Cimurro canino** Si tratta del virus in assoluto più pericoloso che possa colpire la popolazione canina. Nel caso di contagio da parte di soggetti giovani o cuccioli – ovvero la fascia più vulnerabile – il tasso di mortalità è quasi dell'80 per cento. Anche se il cane sopravvive, esiste l'alto rischio che riporti danni neurologici irreversibili. Il cimurro è estremamente contagioso.

✚ **Coronavirus canino** Virus che aggredisce le pareti intestinali provocando gastroenterite.

## AVVERTENZA La rabbia può causare disfunzioni o crash all'intero sistema.

**RABBIA:**

1. Trasmessa dal morso di un animale infetto
2. Si può prevenire tramite vaccinazione
3. Si diffonde nel sistema nervoso e attacca il cervello e il midollo spinale
4. Comunque fatale per i cani
5. Va IMMEDIATAMENTE segnalata alle autorità competenti
6. **AVVERTENZA:** Il soggetto infetto va messo in isolamento

**ALCUNI SINTOMI:**
**PUPILLE DILATATE**
**TURBE COMPORTAMENTALI**
**COSTANTE RINGHIO/ABBAIO**
**SCHIUMA ALLA BOCCA**

**PERICOLO Trasmissibile agli umani; fatale se trascurata.**

Il trattamento standard dura 28 giorni.

Se siete stati morsi, chiedete immediato soccorso, prima che sia troppo tardi.

✚ ☠ **Leptospirosi canina** Di origine batterica, la leptospirosi può provocare danni a livello dei reni (addirittura il blocco renale). Il rischio di contrarre tale malattia dipende dalle specifiche condizioni ambientali. Il veterinario saprà consigliarvi l'opportuna strategia di profilassi per il vostro modello.

✚ ☠ **Parainfluenza canina** Un virus che provoca una blanda infezione alle vie respiratorie i cui sintomi ricordano quelli influenzali (da qui il nome).

✚ ☠ **Parvovirus canino** Comparsa alla fine degli anni Settanta, è una malattia virale estremamente contagiosa. Attacca intestino, globuli bianchi e cuore. I cani che ne sono affetti vanno incontro a gravi attacchi di vomito e diarrea (con tracce ematiche). In generale, comunque, un massiccio trattamento farmacologico, per 7-10 giorni, consente di curare i soggetti adulti. Nei cuccioli, purtroppo, l'esito è quasi sempre fatale.

✚ ☠ **Rabbia** Infezione virale che, per lo più, viene contratta attraverso il morso di un animale infetto. La rabbia provoca danni gravi, addirittura fatali, al sistema nervoso. Le leggi in materia variano da Paese a Paese, ma in molti casi i soggetti non vaccinati che sono entrati in contatto con animali affetti da rabbia vengono immediatamente soppressi.

# Malattie croniche

✚ ☠ **Cancro** Tale malattia ha nei cani più o meno la stessa incidenza che si osserva negli esseri umani: circa il 50 per cento dei decessi all'interno della popolazione canina può essere imputato al cancro. Tra le forme tumorali più diffuse rientrano quelle che attaccano le seguenti aree: mammelle, pelle, bocca, collo, linfonodi, ossa, testicoli. Come quello umano, il cancro canino viene contrastato, tra le altre cose, tramite intervento chirurgico, terapia farmacologica e radiazioni. Le probabilità di successo dipendono dal tipo di tumore, dall'efficacia del trattamento e dalla precocità della diagnosi.

✚ **Disturbi cardiaci** Tali patologie possono essere sia di origine genetica sia acquisite. Ogni anno – negli Stati Uniti – in circa 3,2 milioni di cani si osserva qualche forma di disturbo cardiaco acquisito. Nella maggior parte dei casi, le valvole cardiache perdono funzionalità e quindi ostacolano il flusso sanguigno; in altri, le pareti cardiache vanno assottigliandosi sempre di più, provocando l'indebolimento del muscolo stesso. In entrambe le patologie, un mancato intervento può portare all'arresto cardiaco. Tra i sintomi rientrano: tosse, letargia, ingrossamento del cuore, difficoltà respiratorie. Sebbene non esistano cure, i trattamenti farmacologici possono mitigare i sintomi e innalzare la durata – e la qualità – della vita dell'animale.

✚ **Disfunzioni alla vescica** I cani sono soggetti a numerose disfunzioni alla vescica, molte delle quali spesso colpiscono anche gli esseri umani – per esempio calcoli, cistite e tumore.

✚ 💀 **Disturbi renali** In forma acuta, possono comparire all'improvviso ed essere provocati da varie disfunzioni – da una blanda infezione a un trauma fisico – che sfociano in danni gravi, o totale perdita di funzionalità. Nonostante esistano diversi percorsi terapeutici, un cane che abbia avuto questo tipo di disturbi spesso riporterà danni irreversibili. L'insufficienza renale cronica – frequente nei soggetti anziani – tende ad aggravarsi in modo molto più graduale. Per quanto una dieta appropriata e la terapia farmacologica possano rallentare il decorso della malattia, l'esito è spesso fatale.

✚ **Osteoartrite** Disfunzione connessa all'invecchiamento. Il cuscinetto articolare si rompe, provocando infiammazioni. Antidolorifici, integratori alimentari, e mutamenti nello stile di vita possono – in certa misura – mitigarne gli effetti. Se un cane è in sovrappeso, una dieta dimagrante e un lieve incremento nell'attività fisica possono dare ottimi risultati.

# Malattie ereditarie

**In molti casi, i modelli di razza pura sono predisposti ad alcune malattie genetiche. Ciò non significa che non dobbiate adottare quello specifico modello, ma solo che dovrete fare particolare attenzione alle sue peculiari esigenze. Ecco un elenco (parziale) delle malattie ereditarie più frequenti.**

**Cardiaci, disturbi** Frequenti in Boxer, Cavalier King Charles Spaniel e Bulldog. Vanno dalle malformazioni congenite al precoce deterioramento del cuore.

**Cutanei, disturbi** Si manifestano – in numerose razze – in un'ampia gamma di modalità. I Boxer, per esempio, sono soggetti a cisti, tumori alle gengive, tumori alla pelle e mastocitomi. Mentre, West Highland White Terrier, Golden Retriever, Bull Terrier e Beagle sono più predisposti a dermatiti allergiche.

**Diabete** Disturbo frequentissimo nei Bassotti.

**Displasia dell'anca** Può causare una grave zoppia agli arti posteriori. Tale patologia dipende da un'articolazione "lasca" e può essere notevolmente aggravata da una situazione di sovrappeso/obesità. Colpisce quasi tutte le razze di grossa taglia, tra cui Pastore Tedesco, Labrador Retriever e Rottweiler. I Greyhound (Levrieri) non sono predisposti a tale disturbo.

**Epilessia** Talvolta colpisce modelli come Beagle, Cocker Spaniel, Labrador Retriever e Pastori Tedeschi.

**Oculari, disturbi** Si presentano in un range che va dalla predisposizione alla cataratta alle ulcere corneali (o addirittura a ciglia troppo lunghe). Tra le razze più predisposte a tali disturbi, rientrano: Border Collie, Boxer, Chow Chow, Cocker Spaniel, Dobermann, Pechinese, Barbone, Rottweiler e Schnauzer.

**Schiena, problemi alla** Frequenti in Beagle, Cocker Spaniel, Bassotti e Pechinesi.

**Sordità** Colpisce talvolta i Bull Terrier – ma, stranamente, solo i modelli con il mantello “bianco puro” (cioè tutto bianco) – e Dalmata.

# Allergie

**Dipendono da una disfunzione nel sistema immunitario canino che innesca una reazione eccessiva nei confronti di determinati fattori ambientali (i cosiddetti allergeni). Nei cani tali disturbi sono comuni quanto tra gli esseri umani (in particolare tra i modelli di razza pura, che tendono a essere predisposti a reagire ad allergeni specifici). Le sostanze che possono indurre una reazione allergica vanno dalla saliva delle pulci alle erbe più comuni a qualche ingrediente del cibo in scatola. La risposta individuale ai vari allergeni può andare dal lieve malessere alle emergenze più gravi (tra cui l’ingrossamento e la conseguente occlusione delle vie respiratorie).**

**Nella maggior parte dei casi, i sintomi si manifestano a livello cutaneo. Tra i più frequenti, ricordiamo il prurito a polpastrelli, orecchie, addome, muso e area perianale. Altri disturbi comprendono perdita di pelo, febbri e problemi gastrointestinali. Le reazioni allergiche provocate da puntura/morso di insetto possono essere molto gravi e avere addirittura un esito fatale (choc anafilattico). Se avete il sospetto che il vostro cane soffra di qualche allergia, parlatene con il veterinario.**

# Veleni

**In virtù della loro innata tendenza a "mettere il naso" fra gli oggetti nuovi, i cani rischiano talvolta di ingerire sostanze tossiche. Se vi accorgete che la vostra unità canina ha assaggiato uno di questi prodotti velenosi, dovete immediatamente risciacquarle la bocca (se ci riuscite) con dell'acqua per eliminare ogni residuo. La cosa migliore da fare è chiamare, con la massima urgenza, il veterinario, oppure contattare direttamente un centro antiveleni. Se vi viene detto di andare subito in clinica, ricordatevi di portare con voi il contenitore della sostanza incriminata: fornirà informazioni preziosissime per la ricerca dell'antidoto.**

**Acqua ragia** I cani possono intossicarsi con l'acqua ragia (se si leccano il pelo per rimuoverla). Tale sostanza, inoltre, può essere direttamente assorbita dalla pelle. ***Sintomi:*** Cute infiammata e irritata, vomito, diarrea, instabilità degli arti, coma. ***Trattamento:*** Lavate accuratamente l'area interessata, poi chiamate immediatamente il veterinario.

**Antigelo** I cani sono attratti dal sapore dolciastro dell'antigelo per automobili. ***Sintomi:*** Convulsioni, perdita del senso dell'equilibrio, vomito, coma e morte. ***Trattamento:*** Se avete l'assoluta certezza che il cane abbia ingerito tale sostanza, tentate di indurre il vomito (si veda p. 170) e chiamate immediatamente il veterinario. L'avvelenamento da antigelo è spesso fatale, anche nei casi di intervento medico tempestivo.

**Aspirina** Può risultare tossica. ***Sintomi:*** Vertigini, pallore gengivale, tracce ematiche nel vomito e nelle feci (diarroiche), collasso. ***Trattamento:*** Se l'assunzione è recente, tentate di indurre il vomito (si veda p. 170) e somministrate acqua e bicarbonato (1-2 cucchiaini in circa 2 cucchiaini d'acqua). Chiamate subito il veterinario.

**Cloro** Se avete una piscina, ricordatevi sempre di riporre il cloro al sicuro (possibilmente sotto chiave). ***Sintomi:*** Lacrimazione o irritazione oculare, bocca arrossata, vomito, diarrea, ulcere su bocca e lingua. ***Trattamento:*** Risciacquate con cura gli occhi e la bocca del cane e fategli bere molta acqua. Chiamate subito il veterinario.

**Piombo** Una tossina spesso presente negli smalti di vecchia produzione. ***Sintomi:*** Perdita dell'appetito, calo ponderale, vomito fino ad arrivare a convulsioni, paralisi, cecità. ***Trattamento:*** I sintomi si manifestano in un arco di tempo piuttosto lungo. Se vi sembra di riscontrarli nel vostro cane, sottoponetelo a un esame del sangue o delle urine.

**Veleno per topi** I cani corrono il rischio di intossicarsi gravemente ingerendo veleno per topi, o mangiando animali che si siano a loro volta avvelenati. ***Sintomi:*** Convulsioni, rigidità degli arti, emorragia, collasso. Tali prodotti contengono quasi sempre una tossina chiamata warfarina, che ha un potente effetto coagulante. ***Trattamento:*** Dipende dal principio attivo del prodotto. Se potete, procuratevi la confezione che conteneva la sostanza e rivolgetevi subito al veterinario.

⚠ ***ATTENZIONE*** *Le stelle di Natale, che un tempo erano considerate velenose per i cani, non sono affatto pericolose, mentre il vischio, l'agrifoglio e alcune varietà di gigli possono causare al cane un grave malessere.*

## Induzione del vomito

**Per indurre il vomito, date al cane 1 cucchiaino (a volte ne basta mezzo) di sciroppo di ipecacuana (un potente emetico). Oppure, fategli bere una miscela di 2 cucchiaini d'acqua e 2 di acqua ossigenata al 3 per cento.**

# Traumi

**I cani sono soggetti a numerose, catastrofiche disfunzioni provocate dai più svariati imprevisti – da un'inclemente situazione meteorologica a una non autorizzata e incontrollata interfaccia con un'automobile. In tali frangenti, il primo passo verso la completa guarigione è un intervento tempestivo da parte del padrone.**

**Blocco delle vie aeree** Tale blocco (soffocamento) può essere prodotto da una lesione traumatica, da un corpo estraneo bloccato nella gola, da gonfiore o da una costrizione esterna (per esempio, da un collare troppo stretto). Tali condizioni, inoltre, possono indurre edema polmonare (accumulo di liquidi nei polmoni). Se l'episodio non si risolve nell'arco di pochi minuti, chiamate subito il veterinario. (Si veda "Manovra di Heimlich", p. 183.)

**Colpo di calore** Allontanate subito il cane dalla fonte di calore. Immergetelo in una vasca di acqua fredda (non ghiacciata); fategli delle spugnature; oppure avvolgetelo in un asciugamano imbibito di acqua fredda. Chiamate immediatamente il veterinario.

**Congelamento** Allontanate subito il cane dall'ambiente freddo, poi riscaldate i tessuti colpiti da congelamento (di solito piedi e/o orecchie) in acqua calda (circa 40 °C). Non frizionate né massaggiate l'area interessata. Chiamate immediatamente il veterinario.

**Fratture** Mantenete calmo il cane. Non praticate steccature. Se l'osso fratturato ha forato la pelle (in questo caso si tratta di una frattura esposta), coprite la ferita con una benda o un panno pulito. Mettete una museruola, o un "bavaglio", al cane (si veda p. 181) affinché non vi faccia involontariamente del male mentre gli prestate soccorso. Chiamate subito il veterinario.

**Gonfiore gastrico** Una patologia tuttora poco nota. Colpisce soprattutto le razze di grossa taglia caratterizzate da un torace ampio (come Dobermann e Alani). Pare che tale fenomeno sia comunque correlato al consumo di notevoli quantità di cibo secco. Tra vari i sintomi si osserva: incapacità di vomitare, malessere e notevole gonfiore addominale. Rivolgetevi immediatamente al veterinario. Questa sindrome è estremamente pericolosa e, di solito, richiede interventi d'emergenza. Se trascurata, può essere fatale.

**Lacerazioni gravi con emorragia** Appoggiate una salvietta pulita sulla ferita e poi esercitate una pressione per rallentare la fuoriuscita di sangue. Non tentate di applicare un laccio emostatico. Richiedete immediatamente l'intervento del veterinario.

**Lesioni oculari** Se vi accorgete che negli occhi del vostro cane è penetrata una sostanza estranea, risciacquate abbondantemente con acqua o soluzione salina. Dopo di che, rivolgetevi subito al veterinario. Non tentate di rimuovere personalmente eventuali corpi estranei (pietrisco, schegge ecc.). Teoricamente, ogni problema oculare merita immediata attenzione medica.

**Morso di cane** Tutti i morsi da parte di un altro cane, anche quelli apparentemente lievi, andrebbero sottoposti al controllo di un veterinario: possono essere molto più gravi di quanto magari sembrino e provocare infezioni serie (di solito i sintomi si manifestano dopo 24 ore). Potete praticare una prima pulitura della ferita utilizzando acqua tiepida e acqua ossigenata. Siate delicati e fate in modo che il cane non morda voi.

**Morso di serpente** Non applicate un laccio emostatico né tentate di succhiare via il veleno dalla ferita. Per evitare che il veleno entri in circolo troppo rapidamente, fate in modo che l'animale si muova il meno possibile. Richiedete immediatamente l'intervento del veterinario. Poiché i morsi di serpente provocano un forte dolore, maneggiate il cane con estrema prudenza.

✚ ☠ **Trauma grave e/o incidente stradale** Per evitare che il cane vi morda, mettetegli una museruola (si veda p. 181). Premete un panno pulito su eventuali ferite sanguinanti nella zona toracica. Se il respiro è particolarmente affannoso, verificate che l'animale non abbia corpi estranei in bocca/gola. Servendovi di una coperta, un tappeto o di un'asse come "barella", trasferite il ferito in automobile e recatevi immediatamente dal veterinario (o in clinica).

# Virus nel sistema

**I sistemi operativi della vostra unità canina possono essere invasi da numerosi parassiti – interni ed esterni – che rischiano di provocare guasti lievi... ma anche crash strutturali. Per fortuna, la maggior parte di queste difficoltà può essere risolta, o evitata fin dall'inizio, grazie a una manutenzione accurata e ad appropriati interventi medici.**

## Parassiti interni

✚ **Ancylostomi** Piccoli parassiti che si attaccano alle pareti dell'intestino tenue per nutrirsi del sangue dell'animale ospite. Tra i sintomi rientrano diarrea, astenia e anemia. Vengono eliminati tramite sverminazione. Gli interventi contro le filarie hanno un effetto di profilassi anche contro gli ancylostomi.

✚ ☠ **Filarie** Le uova di tali parassiti vengono trasmesse dal morso della zanzara. Possono crescere fino a diventare grossi vermi che si insediano nel ventricolo cardiaco destro, provocando gravi danni (anche a livello polmonare). Le filariosi (le malattie derivate da tali parassiti), se non opportunamente trattate, possono essere fatali. Il veterinario potrà prescrivere interventi di profilassi generale (contro filarie, ancylostomi, vermi tondi e vermi a frusta).

✚ ☠ **Giardia** Parassita che può provocare una blanda enterite e diarrea cronica, soprattutto nei cuccioli. Anche gli esseri umani possono contrarre la giardia (e accusare i medesimi sintomi), sebbene non sia ancora del tutto chiaro se si tratti del medesimo ceppo di parassiti. Appropriate medicazioni – somministrate dal veterinario – risolveranno il problema.

# PARASSITI INTERNI

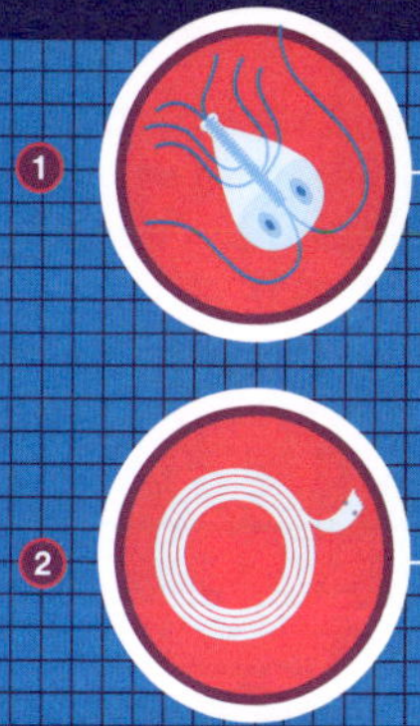


1. **Giarda** Si annida nell'intestino.
2. **Vermi piatti** Si annidano nell'intestino.
3. **Vermi a frusta** Penetrano nell'intestino tenue e poi "migrano" nell'intestino crasso.
4. **Ancylostomi** Si annidano nell'intestino tenue.
5. **Filarie** Si annidano nel ventricolo cardiaco destro.
6. **Vermi tondi** Si annidano nell'intestino tenue.
7. **Il veterinario saprà prescrivere gli opportuni trattamenti di profilassi o di sverminazione.**

✚ **Vermi a frusta** Le larve di questi vermi penetrano nell'intestino tenue, per poi "migrare" nell'intestino crasso (qui raggiungeranno lo stadio adulto). Tra i sintomi rientrano diarrea, calo ponderale, sangue nelle feci. I trattamenti antifilarici contrastano anche questo tipo di parassiti.

✚ **Vermi piatti** Le uova di questi parassiti possono trovarsi nelle pulci,- nelle feci e nelle carcasse di altri animali. Ne esistono di vari tipi, alcuni dei quali non creano gravi disturbi al cane ospite, tuttavia sono tutti eliminabili tramite interventi di sverminazione. Alcune varietà producono uova che possono trasmettersi agli umani provocando cisti pericolosissime.

✚ **Vermi tondi** Parassiti intestinali che colpiscono soprattutto i cuccioli sotto i 3 mesi. I cani maturi possono sviluppare un'"autoimmunizzazione" che impedisce a tali vermi di raggiungere lo stadio adulto. Tuttavia, le uova si manterranno "dormienti" nel corpo dell'animale ospite, in attesa di infettare la generazione successiva. La sverminazione dei cuccioli elimina facilmente il problema. La profilassi standard contro la filaria blocca l'infezione sul nascere.

## Parassiti esterni

✚ **Acari** Alcune varietà di acaro possono veicolare rogna o scabbia. La rogna demodettica, detta anche "rossa", causa irritazioni e perdite di pelo localizzate. La rogna sarcoptica provoca anche un fortissimo prurito. Gli acari possono anche penetrare nelle orecchie del cane, creandogli un forte disagio (originando, tra l'altro, infezioni batteriche). Tali parassiti richiedono un intervento veterinario urgente.

✚ **Mosche** Le mosche rappresentano un problema molto più serio di quanto comunemente si pensi, soprattutto per i cani costretti a vivere all'aperto. Quando piccoli nugoli di mosche "cavalline" (che pungono) attaccano le orecchie del cane, provocano scarnificazioni, croste e – salvo appropriati interventi – infezioni anche serie. L'area offesa andrebbe pulita a fondo con acqua tiepida e acqua ossigenata. Nei casi più gravi ci si dovrà rivolgere al veterinario. La prevenzione si basa sull'applicazione quotidiana di appositi prodotti repellenti, ma, ovviamente, il solo metodo "garantito" è quello di tenere il cane al coperto.

✚ **Pidocchi** Possono infestare massicciamente il cane, provocandogli un forte prurito. Per eliminarli è richiesto l'intervento del veterinario.

✚ **Pulci** Sebbene, di norma, costituiscano solo un fastidio per la maggior parte dei cani, questi parassiti (minuscole "sanguisughe") possono provocare fatali perdite di sangue in un cucciolo, o in un adulto che ne sia gravemente infestato. Nel caso di piccole-medie infestazioni, di solito danno buoni risultati i trattamenti con shampoo specifici, medicine e applicazioni topiche (consultate il veterinario). Talvolta, le pulci possono provocare reazioni allergiche, essere vettori di malattie e/o causare anemia.

⚠ ***ATTENZIONE*** *Non utilizzate mai prodotti antiparassitari formulati per i gatti: possono risultare estremamente tossici per i cani.*

✚ **Zecche** Rimuovetele con un paio di pinzette, poi uccidetele immergendole nell'alcol. Non toccatele a mani nude: possono trasmettere malattie anche agli umani. È buona norma – dopo una passeggiata in campagna o nei boschi – esaminare a fondo il mantello del cane. Le zecche possono veicolare e trasmettere all'uomo anche la borreliosi (malattia di Lyme), con conseguenti danni a livello neurologico e cardiaco (si veda "Malattie infettive", p. 162).

## PARASSITI ESTERNI **Parassiti che possono attaccare il sistema della vostra unità**

1. **Pulci** Fastidiose per un adulto, pericolose per un cucciolo.
2. **Mosche** Possono provocare infezioni.
3. **Pidocchi** Possono provocare un forte prurito.
4. **Acari** Potenziali vettori della scabbia.
5. **Zecche** Potenziali vettori della borreliosi (malattia di Lyme).
6. **Per contrastare le pulci, ricorrete a shampoo, medicinali e applicazioni topiche.**
7. **Infestazioni di mosche, pidocchi e acari richiedono trattamenti da parte del veterinario**
8. **Rimuovete le zecche con un paio di pinzette (mai a mani nude) e immergetele nell'alcol.**

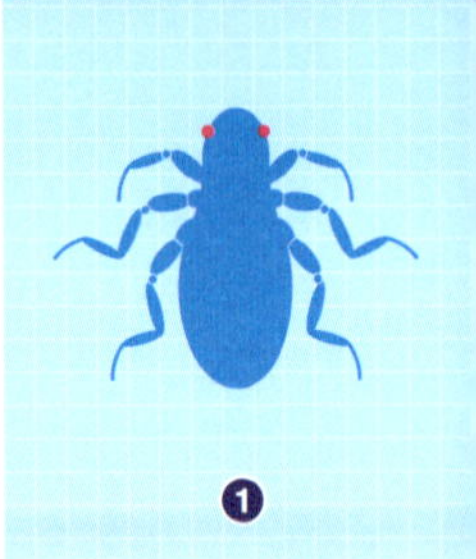

canina provocandole un forte disagio.

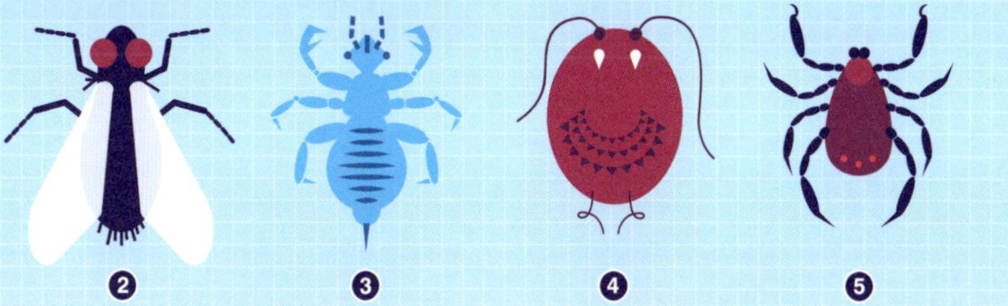

# Disturbi psicologici e/o comportamentali

**Non tutti gli eventuali guasti della vostra unità canina dipendono da problemi nell'hardware. Alcuni cani possono sviluppare anomalie nel software per le quali sarà necessario l'intervento di uno specialista.**

**Ansia da separazione** Tutti i cani sono configurati per un modello di vita gregario, perciò, a volte, la solitudine li può mandare "in crisi". Alcuni modelli, però, sviluppano una vera fobia nei confronti della solitudine e – una volta in balia di se stessi – si abbandonano a comportamenti distruttivi. L'ansia da separazione, inoltre, è all'origine di molti disturbi ossessivo-compulsivi. Per stabilire l'approccio terapeutico più opportuno, rivolgetevi a uno specialista.

**Comportamenti ossessivo-compulsivi** Nei cani tali disturbi spesso rispecchiano quelli degli umani. Gli individui che ne sono affetti ripetono ossessivamente un determinato atto (si leccano le zampe, rincorrono la propria coda, non riescono a star fermi) che, oltre a non avere la minima utilità pratica, può essere addirittura pericoloso. Molto spesso tali turbe comportamentali vengono innescate da ansia da separazione, nervosismo, noia o da altri fattori di stress. Per stabilire l'approccio terapeutico migliore sarà utile rivolgersi a un esperto. Alcuni studi, inoltre, hanno dimostrato che, in molti casi, i cani rispondono bene al trattamento con gli stessi antidepressivi utilizzati per gli esseri umani affetti da disturbi ossessivo-compulsivi. Prima di stabilire il da farsi, consultatevi sempre con il vostro veterinario di fiducia.

**Fobie** Proprio come gli umani, i cani possono sviluppare paure violente e irrazionali nei confronti degli oggetti e delle situazioni più comuni – dall'odore di un determinato cibo alle fiamme… fino al rumore dell'aspirapolvere. Tra le fobie più frequenti c'è quella nei confronti dei tuoni e dei rumori forti. Sebbene quasi tutti i cani, in qualche misura, si spaventino nel sentire tali suoni, alcuni di loro ne sono talmente terrorizzati da arrivare a gettarsi dalla finestra, in un disperato tentativo di fuga. In casi così estremi, sarà necessario rivolgersi a uno specialista (e avere molta, molta pazienza).

**"Springer Spaniel Rage"** Tale sindrome (di comparsa relativamente recente) provoca "attacchi" simili a quelli epilettici ma, in questo caso, invece di avere le convulsioni, il cane cade in preda a una "furia" (aggressività) incontrollabile. Questa tara genetica (ereditaria) si osserva negli esemplari ottenuti tramite un allevamento malriuscito, o inaccurato. Purtroppo, nella maggior parte dei casi, tale sindrome è incurabile. L'unico modo per evitare fin dall'inizio questo problema – che colpisce, tra gli altri, Springer Spaniel e Cocker Spaniel – è acquistare esemplari di razza pura esclusivamente presso gli allevatori più qualificati.

# Tecniche di trasporto d'emergenza

**Nel caso vi troviate a dover caricare in automobile un cane ferito gravemente (per portarlo in clinica), adottate la procedura illustrata qui di seguito, per salvaguardare sia voi sia l'animale.**

[ **1** ] Valutate bene la situazione. Se il cane è stato investito da un'auto, prima di accorrere in suo soccorso assicuratevi che la strada sia sgombra.

[ **2** ] Avvicinatevi al ferito lentamente. Se comincia a ringhiare, mostrare i denti o manifestare altri segni di paura/aggressività, siate prudenti. In simili circostanze, anche il più affezionato dei cani può essere molto pericoloso.

[ **3** ] Se vi sembra agitato, mettetegli la museruola, oppure improvvisate un "bavaglio" (potete utilizzare un collant o una sciarpa sottile passandoli sotto il mento e poi annodandoli dietro la nuca) che gli mantenga serrate le mandibole (Fig. A). Per fare in modo che il cane si calmi, potete mettergli – al posto della museruola o in aggiunta a essa – un asciugamano sulla testa.

[ **4** ] Se sanguina copiosamente, premete contro la ferita una benda o un panno pulito per cercare di rallentare l'emorragia.

[ **5** ] Trasportate il ferito fino all'automobile servendovi come "barella" di un'asse, una coperta, o di qualsiasi altro tessuto robusto (Fig. B). Cercando di muovere il ferito il meno possibile, caricatelo sul mezzo di trasporto (per un cane di grossa taglia potrebbero servire due persone). I modelli più piccoli possono essere trasferiti con un trasportino o uno scatolone.

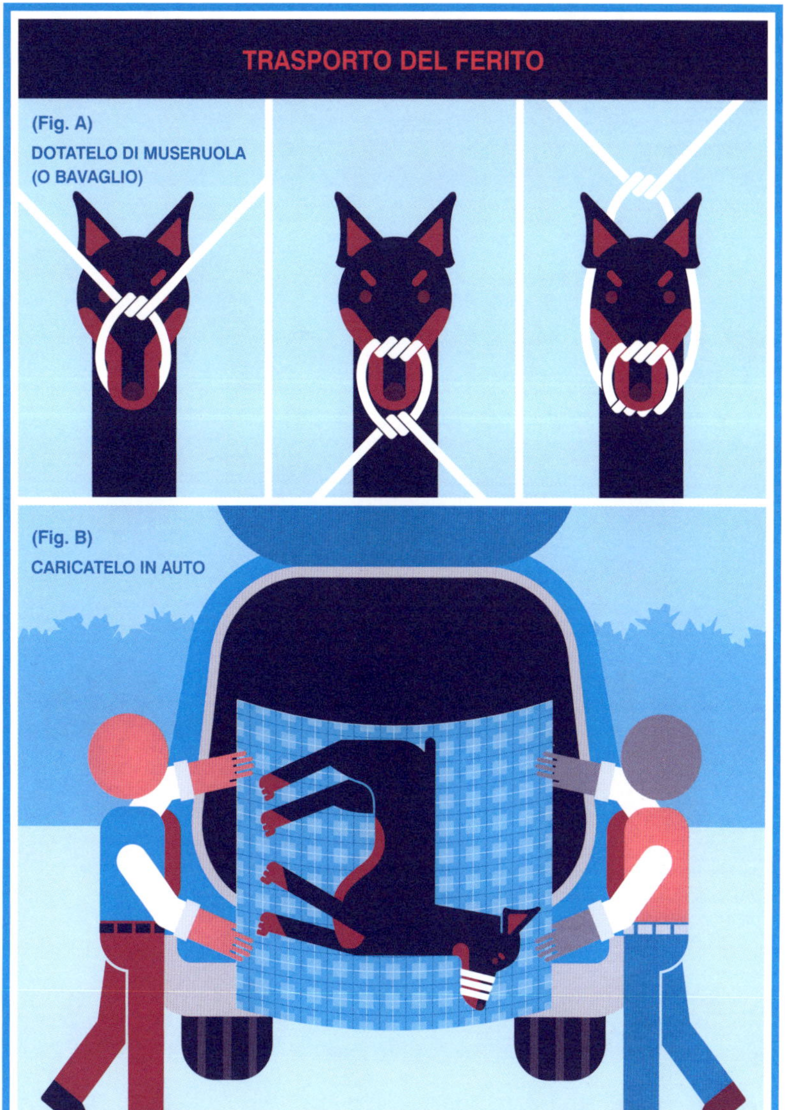
TRASPORTO DEL FERITO
(Fig. A)
DOTATELO DI MUSERUOLA
(O BAVAGLIO)
(Fig. B)
CARICATELO IN AUTO

MANOVRA DI HEIMLICH
(Fig. A)
ISPEZIONATE LA GOLA
(Fig. B)
TENTATE DI RIMUOVERE L'OGGETTO
(Fig. C)
TENETE IL CANE PER LE ZAMPE
(Fig. D)
PRATICATE LA MANOVRA DI HEIMLICH
[x5]
(Fig. E)
ISPEZIONATE LA BOCCA IN CERCA DELL'OGGETTO
(Fig. F)
DATEGLI UN COLPO SECCO

# Manovra di Heimlich

**Se un cane rischia di soffocare, o manifesta gravi difficoltà respiratorie, potrebbe avere un corpo estraneo bloccato in gola. Soccorretelo adottando le procedure illustrate qui di seguito.**

[ **1** ] Se il cane indossa un collare, levateglielo. Apritegli la bocca e guardategli in fondo alla gola (Fig. A): se riuscite a vedere l'oggetto, rimuovetelo (Fig. B). Se, per un riflesso condizionato, il cane spingerà in fuori la lingua, localizzerete meglio l'oggetto (o, nei casi più fortunati, sarà la lingua stessa a sbloccarlo).

⚠ ***ATTENZIONE*** *Anche in stato di incoscienza, un cane può mordere per istinto. Siate molto prudenti.*

[ **2** ] Se il cane è abbastanza piccolo, mettetelo a testa in giù tenendolo per le zampe (Fig. C). Se è un modello di grossa taglia, sollevategli gli arti posteriori in modo che la testa gli ciondoli verso il basso. Talvolta basta questa operazione per provocare la fuoriuscita del corpo estraneo. Se così non fosse, dovrete praticare al cane la manovra di Heimlich.

[ **3** ] Mantenendo il cane in piedi, o coricato (per esempio, se ha perso conoscenza), cingetegli la vita e appoggiategli le mani sullo stomaco. Tenendo una mano serrata a pugno, posizionatela appena sotto l'ultima costola.

[ **4** ] Comprimete lo stomaco con 5 movimenti rapidi e decisi (Fig. D).

[ **5** ] Apritegli la bocca per vedere se l'oggetto si è sbloccato (Fig. E).

[ **6** ] Se il corpo estraneo non si è mosso, date al cane (con la mano aperta) un colpo secco tra le scapole (Fig. F), dopo di che, riprendete con le compressioni addominali. Alternate queste due tecniche fino a quando il corpo estraneo verrà espulso.

[ 7 ] Se il cane, anche dopo la fuoriuscita dell'oggetto, non ricomincia a respirare, dovrete passare alle tecniche illustrate qui di seguito.

# Respirazione artificiale e CPR

**Un cane in cui siano cessate le funzioni respiratorie e/o che sia in arresto cardiaco può essere soccorso con la respirazione artificiale e la rianimazione cardiopolmonare (CPR). Tuttavia, queste procedure vanno considerate come ultima risorsa: andrebbero effettuate solo se si è assolutamente certi che il cane abbia smesso di respirare. Appoggiategli una mano sul lato sinistro del torace per controllare se c'è il battito (se c'è, significa che respira). Oppure, mettetegli uno specchietto davanti al naso e osservate se si forma la condensa (anche un alone lievissimo indica che il cane sta respirando). In alternativa, mettetegli un batuffolo di cotone davanti al naso e osservate attentamente se i filamenti si muovono.**

⚠ ***ATTENZIONE*** *Non si possono rilevare le pulsazioni di un cane dall'auscultazione del collo. Per scoprire come monitorare il battito, si veda p. 158.*

[ 1 ] Verificate che le vie aeree non siano occluse. Fate coricare il cane, spingetegli la testa leggermente all'indietro e, con le dita, cercate di trovare e rimuovere il corpo estraneo. Se necessario, praticate la manovra di Heimlich (si veda pagina precedente). Se, anche dopo aver liberato l'occlusione, la respirazione non riprende, passate alla fase successiva.

[ 2 ] Assicuratevi che il collo sia diritto ma non troppo disteso. Per cani di taglia media o grossa, mettete una mano intorno al muso e appoggiate la bocca sul naso. Nel caso di cani più piccoli (sotto i 14 kg), dovreste riuscire a coprire il naso e la bocca con la vostra (Fig. A).

[ 3 ] Fate cinque rapidi respiri, espirando con forza.

# RIANIMAZIONE CARDIOPOLMONARE (CPR)

(Fig. A)

RESPIRAZIONE BOCCA A BOCCA

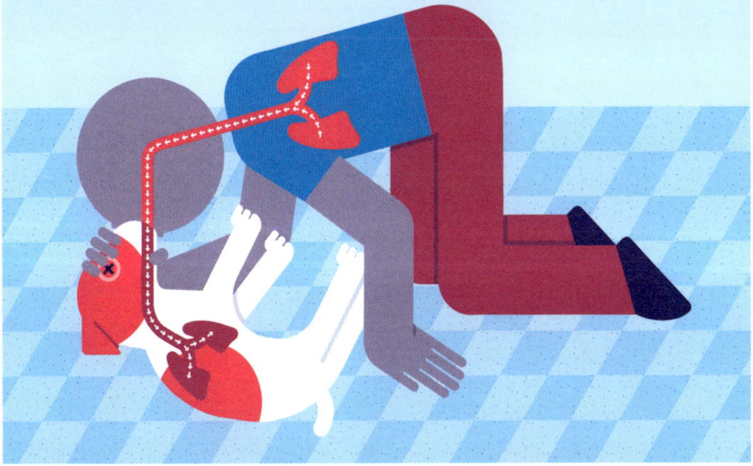

(Fig. B)

COMPRESSIONI TORACICHE

[ 4 ] Controllate se il cane ha ripreso a respirare e, in tal caso, fermatevi. Se così non fosse, o se il respiro è debole, ricominciate con la CPR. Se il cane è piccolo, fate 20 respiri al minuto; se è di stazza media o grossa, fatene 20-30.

[ 5 ] Verificate la presenza del battito cardiaco appoggiando una mano sul lato sinistro del torace del cane. Se non avvertite il battito, praticate le compressioni toraciche e la respirazione artificiale.

[ 6 ] Nella maggior parte dei casi, le compressioni vanno praticate con il cane coricato su un lato (Fig. B). Tuttavia, i modelli dal torace ampio, come i Bulldog, possono stare coricati di schiena. Il corpo, comunque, deve poggiare su una superficie rigida (un letto, per esempio, non è adatto).

[ 7 ] Inginocchiatevi accanto al cane. Se è piccolo, appoggiate i palmi sulla cassa toracica nel punto in cui le zampe anteriori si innestano al torace. Esercitate una lieve pressione (di circa 2,5 cm), per due volte al secondo. A ogni quinta compressione alternate un respiro. Dopo 1 minuto, verificate se il cuore ha ripreso a battere. Se così non fosse, ricominciate.

[ 8 ] Inginocchiatevi accanto al cane. Se è di media o grossa taglia, tenete le braccia distese e, con le mani a coppa l'una sull'altra, appoggiate i palmi sulla cassa toracica nel punto in cui le zampe anteriori si innestano al torace. Esercitate una pressione (di circa 5-7,5 cm) per una volta e mezza/due al secondo. A ogni quinta compressione alternate un respiro. Dopo 1 minuto, verificate se il cuore ha ripreso a battere. Se così non fosse, ricominciate.

[ 9 ] Per i cani di taglia gigante (che superano i 45 kg), esercitate una pressione di circa 5-7,5 cm. A ogni decima compressione alternate un respiro. Dopo 1 minuto, verificate se il cuore ha ripreso a battere. Se così non fosse, ricominciate.

⚠ ***ATTENZIONE*** *Ricordate che, in simili frangenti, le probabilità di ripresa sono minime. Anche nel caso di un intervento professionale, è assai difficile che dopo 20 minuti di rianimazione cardiopolmonare (CPR) un cane possa riacquistare le funzioni vitali.*

# Polizze di assicurazione

**Riparare un'unità canina gravemente danneggiata può essere costoso. Alcuni padroni preferiscono far sopprimere l'animale, piuttosto che sobbarcarsi le spese mediche richieste. Una polizza assicurativa può ridurre l'impatto dei costi di manutenzione imprevisti. Proprio come per le assicurazioni sulla salute (umana), il padrone paga una quota fissa in cambio di un'assistenza che può coprire le spese che vanno da check-up annuali e vaccinazioni fino agli interventi di emergenza. Alcune compagnie propongono tetti di spesa annua predefiniti, altre offrono formule più elastiche, simili al nostro bonus malus. I premi assicurativi – che variano in base alla copertura offerta e alle condizioni e all'età del cane – oscillano da un minimo di circa 100 euro l'anno a oltre 500.**

**Per avere informazioni più dettagliate e aggiornate in materia di polizze "canine", consultatevi con il vostro veterinario.**

MODELLO K-9.10
Carlino
ESTHER
ESTHER
$

[ Capitolo 10 ]

# Funzioni avanzate

**Grazie alle informazioni contenute nei precedenti capitoli, dovreste avere ottenuto un'unità canina sana, ben addestrata e semi-autonoma, dotata di tutte le applicazioni atte a garantire anni di divertimento e compagnia. In ogni caso, per i veri appassionati, desiderosi di dare "un tocco in più" al loro modello, ecco qualche suggerimento sulle funzioni più avanzate.**

# Guardia e difesa personale

Addestrare un cane a fare la guardia è un'operazione piuttosto spinosa. Sebbene siano disponibili in commercio programmi specifici (chiedete al vostro veterinario e/o a qualche club della razza), in molti casi non è necessario ricorrere a un indottrinamento di questo livello. I modelli già configurati per la difesa personale (Rottweiler, Pastori Tedeschi, Dobermann ecc.) sono quasi sempre configurati anche per essere diffidenti nei confronti degli estranei, per tenere alla larga gli intrusi e attaccare eventuali aggressori. In presenza di opportuni stimoli, il loro istinto "da killer" si attiverà automaticamente. Di fatto, per molti padroni il problema più grande non è quello di potenziare tali pulsioni, bensì di tenerle sotto controllo.

Coloro che possiedono un modello da guardia farebbero meglio a investire (tempo e denaro) in un corso intensivo di addestramento all'obbedienza. Ciò consentirà il download di tutti quei programmi davvero necessari nel mondo "reale": capacità di gestire l'animale in situazioni pubbliche; farlo arrivare se lo si chiama; e, soprattutto, farlo smettere immediatamente di fare qualcosa (qualunque cosa stia facendo).

***LA PAROLA ALL'ESPERTO*** *Il migliore deterrente per gli intrusi di cui un cane disponga è l'abbaio. Spesso, un modello piccolo e nervosetto è un sistema di allarme più efficace di quanto possa esserlo un'unità grande: si metterà a "suonare" all'impazzata appena avvertirà qualcosa di strano.*

## Termini assicurativi

**Le regole in materia di polizze assicurative cambiano molto da Paese a Paese (per informazioni più dettagliate rivolgetevi al vostro veterinario, o direttamente a un assicuratore), tuttavia, tenete presente che alcune compagnie non accettano di accendere polizze a clienti che possiedano cani ritenuti "pericolosi". Questa "lista nera" può variare, ma, tendenzialmente, include tutte le razze da guardia più popolari tra cui Bull Terrier, Rottweiler, Mastiff, Dobermann e Pastori Tedeschi. In pratica, il solo fatto di possedere un determinato modello può tradursi in una complicazione burocratica. Perfino avere un esemplare ibrido – nato da un incrocio tra individui delle razze "incriminate" – può far sì che la vostra richiesta di copertura assicurativa venga respinta. Tra l'altro, il cane del potenziale cliente non deve mai essere stato coinvolto in incidenti.**

# Gare ed esposizioni

**Se volete far gareggiare il vostro modello con quello di altri appassionati (o fanatici) come voi, sappiate che potrete scegliere fra una vastissima gamma di iniziative.**

**Gare di "agility" (Fig. A)** Pratica sportiva – nata in Inghilterra – che sta diventando sempre più popolare: il cane e il suo padrone affrontano, insieme, percorsi di agilità spettacolare (slalom, salti in lungo e in largo, superamento di passerelle, tavole basculanti, tunnel ecc.). Tali gare testano – oltre all'intelligenza e alla resistenza del cane – l'affiatamento tra i due. Vi possono partecipare tutti, dai "bastardini" ai "blasonati", basta che gli atleti siano sani e in forma.

**Esposizioni canine (Fig. B)** Nel corso dell'anno vengono organizzate dai vari enti cinofili numerose esposizioni canine riservate agli esemplari registrati presso l'ente stesso. I cani vengono giudicati in base alla loro conformità allo "standard" (una lunghissima lista di specifiche e particolari tecnici che definiscono, di regola in ogni singolo dettaglio, le caratteristiche fisiche "giuste" di

**(Fig. A)**
**GARE DI "AGILITY"**

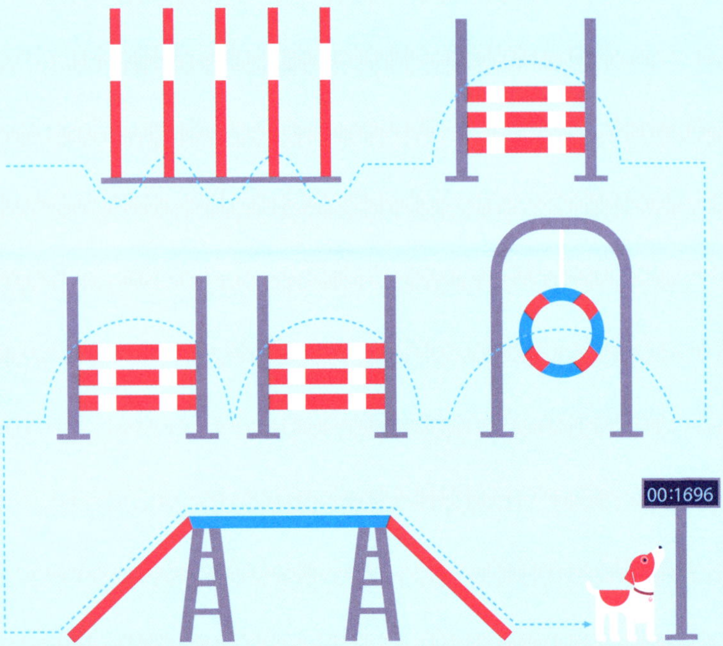


**(Fig. C) GIOCO DELLA "PALLINA VOLANTE"**

**GARE E CONCORSI** Per valutare le performance del vostro modello, potete sempre

(Fig. B)
ESPOSIZIONI

iscriverlo a un concorso in cui verrà giudicato in base ad agilità, obbedienza, bellezza ecc.

un determinato modello) della razza cui appartiene. Gli appassionati possono partecipare anche a esposizioni "monografiche", ovvero dedicate a una singola razza; esposizioni miste; raduni amatoriali (essenzialmente incontri non competitivi di padroni principianti e cani giovani). I criteri di valutazione di tutte le esposizioni canine riservate a esemplari con il pedigree, comunque, si fondano quasi esclusivamente sul rispetto dello standard di razza.

**Gioco della "pallina volante" (Fig. C)** Tra le più eccitanti specialità atletiche canine, è essenzialmente una staffetta a ostacoli in cui squadre di quattro cani gareggiano fra loro e contro il tempo. Ogni atleta deve superare un percorso per raggiungere una postazione "sparapalline". Una volta qui, deve pigiare una leva (posta sopra la postazione) che spara in aria una pallina da tennis. Il cane la afferra con la bocca e torna il più in fretta possibile alla linea di partenza/traguardo. Poi toccherà al suo compagno di squadra. I cani gareggiano suddivisi in varie categorie, stabilite in base alla taglia, anche se – ovviamente – le razze più veloci, come Border Collie e Jack Russell Terrier, partono avvantaggiate.

**Gare di obbedienza** Tali competizioni misurano sia l'intelligenza dell'animale sia l'abilità nell'addestramento dimostrata dal proprietario. Tra le prove rientrano quelle di obbedienza ai comandi "a distanza", quelle legate all'olfatto (riconoscimento di un oggetto "aromatizzato" in mezzo a molti altri), capacità di stare al "piede" (si veda p. 96) e altre manovre ancora più complesse.

**Raduni "monorazza"** Le associazioni dedicate a una specifica razza organizzano raduni – su scala locale, regionale e nazionale –, molti dei quali mirano a valorizzare i peculiari talenti dei loro modelli. Per esempio, l'abilità nel "riportare" dei Labrador e di altri Retriever; l'inseguimento in tana di (finte) prede per i West Highland Terrier; gare di velocità per i Jack Russell Terrier.

# Modifiche nell'hardware

I proprietari di un modello di razza pura talvolta gli "mozzano" (amputano parzialmente) la coda e le orecchie perché si conformi a determinati, e spesso opinabili, canoni estetici. Per esempio, le orecchie di Dobermann, American Staffordshire Terrier e Boxer sarebbero – per loro natura – teneramente piegate all'ingiù. Per dare al cane un'aria più minacciosa, vengono tagliate in modo da renderle erette e puntute. A Boxer e Dobermann spesso viene mozzata anche la coda (di solito nei primi 3-5 giorni di vita).

Nessuna di tali procedure è necessaria alla salute o alla felicità dell'animale, anzi: ultimamente in molti Paesi sono sorti movimenti di protesta per mettere fine agli interventi di "chirurgia estetica", che molti considerano atti di crudeltà. In generale, comunque, la decisione di fare o no un "ritocco" estetico spetta ancora al proprietario dell'animale.
Tra gli interventi chirurgici opzionali, però, ce n'è uno veramente utile. Alcune unità canine hanno in dotazione in ciascun piede una quinta unghia "extra", appena abbozzata, detta "sperone". Tale elemento non

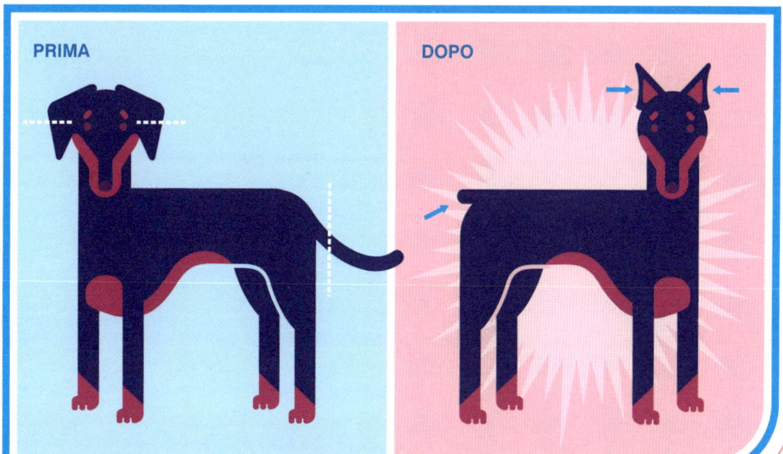

**ha la minima funzione pratica, tant'è vero che negli arti posteriori non presenta neppure un sostegno osseo. La sua asportazione risolve non pochi problemi ai cani che trascorrono molto tempo all'aperto: lo sperone può impigliarsi nella sterpaglia, provocando lacerazioni anche gravi (si veda p. 154). L'intervento non è affatto invasivo e ai cuccioli può essere praticato intorno ai 3-5 giorni di vita; i soggetti adulti possono subirlo contestualmente a quello di castrazione/sterilizzazione (o più avanti).**

# Riproduzione

**Per una lunga serie di ragioni, prima fra tutte il sovrappopolamento, la maggior parte dei veterinari e degli addestratori cerca di scoraggiare la riproduzione canina. Comunque, se siete proprietari di un esemplare di razza pura (alcuni dei quali sono posti in vendita a condizione che vengano fatti accoppiare almeno una volta), eccovi un breve quadro di che cosa dovete aspettarvi durante il processo di accoppiamento e di riproduzione.**

## Selezione del partner

**Le cucciolate subiscono pesantemente l'influenza dei punti di forza (così come dei difetti) fisici e mentali che caratterizzano i genitori. Per questo motivo, è fondamentale selezionare per la vostra unità canina un ottimo compagno/compagna di accoppiamento. Ecco un elenco dei fattori più importanti da prendere in considerazione.**

- Scegliete un prtner presso un allevatore più che fidato.
- Verificate che il partner sia dotato di un pedigree impeccabile.
- Controllate il patrimonio genetico del potenziale partner. Siate diffidenti se le informazioni circa la sua linea di discendenza non sono reperibili.
- Controllate eventuali anomalie genetiche del potenziale partner. In caso di dubbi o perplessità, conviene prevedere una visita veterinaria.

■ Fate molta attenzione a ogni genere di turba della personalità (soprattutto un'aggressività eccessiva) che potrebbe ripresentarsi nei cuccioli.

## Accoppiamento

**Prima di accoppiarsi, un cane dovrebbe avere raggiunto almeno i 20 mesi d'età. La maggior parte delle femmine va in calore (estro) due volte l'anno. Durante la fase intermedia del calore, la femmina sarà ricettiva nei confronti del maschio. Segnalerà la sua disponibilità restando ferma davanti a lui e spostando la coda da una parte.**

**Questo è il momento giusto per il primo "appuntamento" (l'incontro avrà maggiori probabilità di successo se si svolgerà sul territorio del maschio). Se tra i due c'è compatibilità, e se la femmina è ricettiva, l'accoppiamento potrà avere inizio. Sebbene l'eiaculazione di solito si verifichi in meno di un minuto, i due partner rimarranno "legati" per oltre mezz'ora (la particolare conformazione del pene canino fa sì che non possano fisicamente staccarsi). In pratica, subito dopo l'eiaculazione, il maschio, senza staccarsi dalla femmina smonta ed effettua una rotazione di 180° in modo da restare coda contro coda. Anche se tale posizione può sembrarci alquanto "scomoda", per loro è del tutto naturale.**

***LA PAROLA ALL'ESPERTO*** *Una femmina può essere ingravidata da più di un maschio. In linea teorica, i cuccioli della stessa figliata possono avere padri diversi.*

## Gravidanza

**In media, la gravidanza canina dura 63 giorni, ma può variare da 59 a 66 giorni. Alla quinta settimana, i capezzoli della madre si ingrosseranno e l'addome si gonfierà. Alla settima, si ingrosseranno anche le ghiandole mammarie (nei giorni di poco precedenti il parto, le mammelle potrebbero anche secernere latte). L'aumento ponderale della cagna talvolta arriva al 50 per cento, ma di solito è di poco superiore al 30.**

## Monitoraggio prenatale

**Il veterinario può diagnosticare uno stato di gravidanza intorno alla terzaquarta settimana tramite ultrasuoni, raggi X o palpazione addominale. Sebbene sia importante che la femmina gravida possa contare su un'alimentazione bilanciata, non si dovrebbe – almeno nelle prime 6 settimane – incrementare il suo introito calorico giornaliero. Da questo momento in poi, invece, sarà necessario aumentare gradualmente l'apporto di cibo, finché – intorno all'ottava-nona settimana – la futura madre potrà mangiare il doppio del solito (attraverso pasti piccoli e**

frequenti). Talvolta i veterinari prescrivono integratori vitaminici. Un blando esercizio fisico contribuirà a mantenere tonica e in forma la futura madre.

## Verso il lieto evento

In linea di massima, il parto potrà avvenire in casa, ma è sempre meglio discuterne prima con il veterinario. Alcune razze, come i Bulldog, tendono ad avere difficoltà nel parto, perciò si tende a consigliare il cesareo.

Circa 10 giorni prima del lieto evento, allestite per la futura madre una "sala parto", per esempio un grosso scatolone che sia abbastanza alto da contenere i cuccioli, ma consenta alla puerpera di uscirne senza fatica e di stare coricata mentre allatta. Rivestite il fondo dello scatolone con una salvietta morbida, poi collocatelo in un punto tranquillo della casa. Tale protocollo, chiaramente, vale solo per i modelli di piccola taglia.

## La nascita

Nella fase iniziale del travaglio, è probabile che la cagna si metta ad ansimare, guaire, a leccarsi con foga e ad alzarsi e ricoricarsi di continuo. Poi, a un certo punto, si stenderà sul fianco (alcune, però, partoriscono in piedi) tenendo la testa sollevata per guardarsi il quadrante posteriore. Le contrazioni saranno evidenti. La maggior parte dei cuccioli esce con la testa in avanti, ma non sono rari quelli che escono "di coda"; ciascuno sarà avvolto in una membrana. A parto concluso, la madre libererà il piccolo dalla membrana, leccandola via. Poi masticherà il cordone ombelicale e sfregherà vigorosamente con la lingua il neonato per stimolarne la respirazione. Dopo il parto di ogni cucciolo, la madre espellerà la placenta. Mediamente un parto dura da 30 minuti a 2 ore.

*⚠ **ATTENZIONE** Una madre poco esperta potrebbe non essere in grado di aprire la sacca membranosa, o di recidere il cordone ombelicale, dunque siate pronti a darle una mano. Come regola generale, più un cane è grosso, più numerose saranno le sue figliate. I modelli da compagnia spesso hanno solo 1 o 2 cuccioli, mentre quelli più grandi possono addirittura superare la quota di 12.*

# Unità canine in viaggio

**Capita spesso che un proprietario decida di portare l'unità canina in viaggio con sé – in automobile o in aereo –. Eccovi qualche consiglio per farvi viaggiare entrambi nel modo più sicuro.**

## Viaggio in automobile

**Un cane grosso può viaggiare sul sedile (sarebbe meglio su quello posteriore, o nel vano bagagli) (Fig. A). Se il vostro modello non è abituato, portatelo a fare qualche giretto "di prova" per essere sicuri che rimanga al suo posto senza mettersi a curiosare per tutto l'abitacolo. I cani piccoli spesso preferiscono restare dentro al loro trasportino, perché lì si sentono al sicuro (Fig. B). Non dimenticate, poi, che tutti i modelli sono affascinati dalla miriade di odori che sentono tenendo il naso fuori dal finestrino. Lasciate pure che si affaccino, basta che non si sporgano troppo (Fig. C). Nel caso di viaggi lunghi, fate soste frequenti per permettere al cane di sgranchirsi le zampe (ricordatevi di mettergli sempre il guinzaglio prima di aprire la portiera). Portate con voi vari generi di conforto per il passeggero (cibo, acqua, snack). Se il vostro cane soffre di mal d'auto, fategli prescrivere un antiemetico (anche i giretti di prova limiteranno il problema).**

*⚠ **ATTENZIONE** Non abbandonate mai, per nessuna ragione, un cane da solo in auto. L'abitacolo può raggiungere in breve tempo temperature insopportabili, provocando stress, colpi di calore, ipotermia e anche di peggio.*

## VIAGGIO IN AUTOMOBILE

(Fig. A) I MODELLI GRANDI
POSSONO STARE SUL SEDILE (MEGLIO IL POSTERIORE)

(Fig. B) I MODELLI PICCOLI
PREFERISCONO IL TRASPORTINO

(Fig. C) IL FINESTRINO
NON VA ABBASSATO TROPPO

## Viaggio in aereo

**Se potete, evitate di far prendere l'aereo al vostro cane, a meno che non si tratti di un cagnolino molto piccolo che possa viaggiare con voi, chiuso dentro un trasportino che stia sotto il sedile (sfortunatamente, le nuove regole hanno reso pressoché impossibile tale procedura). I modelli grossi vengono confinati nella stiva, un luogo tutt'altro che comodo, che mette paura ed è potenzialmente pericoloso. In caso di forti ritardi, il cane potrebbe morire per eccesso di calore, per non parlare del rischio che venga spedito a una destinazione sbagliata insieme con i bagagli.**

**Se non avete altra scelta, informatevi con largo anticipo sulle procedure di trasporto degli animali. Procuratevi una cuccia "da trasporto" approvata dalle linee aeree e assicuratevi che tutti i documenti di viaggio siano in regola. Preferite i voli non stop e, se possibile, evitate le ore più calde (o più fredde) della giornata. Viaggiate sullo stesso volo, e informate almeno uno steward e il pilota del fatto che nella stiva c'è il vostro cane.**

⚠ ***ATTENZIONE*** *Il veterinario può anche prescrivere dei tranquillanti per il viaggio, ma il cane cadrebbe sotto l'effetto dei farmaci proprio quando si trova nella stiva, lontano da voi nel caso qualcosa andasse storto e avesse bisogno di aiuto. Prima di procedere, discutete i pro e i contro con il medico.*

# Vecchiaia

**L'età in cui un cane può essere considerato vecchio varia notevolmente da modello a modello. In generale, più è grosso, più in fretta si deteriora: un Alano, per esempio, già a 5 anni è "anziano", mentre un barboncino di 10 anni potrebbe sprizzare vitalità da tutti i pori. Ricordate, però, che il fatto che un cane sia vecchio da un punto di vista cronologico non implica che sia pieno di acciacchi. Spesso un soggetto un po' in là con gli anni può comunque godere di una vita piena e soddisfacente.**

**Per potenziare la durata e le prestazioni di un'unità "vecchiotta" dovrete fare particolare attenzione al tipo – e alla quantità – di carburante**

**che le fornirete. I cani anziani si muovono meno e quindi hanno bisogno di meno calorie. Inoltre, il loro sistema metabolico (non più efficiente come un tempo) richiede cibi di qualità migliore, formulati in modo da soddisfare esigenze specifiche. Gli alimenti troppo ricchi di proteine, fosforo e sodio possono aggravare i disturbi renali e cardiaci, perciò i cibi dietetici di solito hanno un basso contenuto di proteine e altre sostanze (mentre sarà incrementata la percentuale di vitamine, zinco, acidi grassi e fibre).**

## Principali disfunzioni legate all'età

- Graduale declino dei sensori acustici.
- Peggioramento dei sensori ottici, soprattutto a causa di un deterioramento del cristallino o di cataratta.
- Disturbi gastrointestinali (per l'intolleranza a modifiche nella dieta).
- Perdita di massa muscolare e ossea, deterioramento articolare e artrite.
- Incanutimento e perdita di pelo.
- Soffio al cuore causato da valvole cardiache usurate/poco funzionali.
- Incontinenza dovuta a scarsa funzionalità di reni e vescica; il peggioramento delle capacità di memoria può anche fare "dimenticare" le abitudini igieniche.

# Obsolescenza e disattivazione

**Se la si paragona ad altri beni di largo consumo, la durata delle prestazioni di un cane è davvero notevole. I modelli grossi possono funzionare per una decina d'anni, mentre le unità più compatte possono durare addirittura il doppio. Ma, anche se il vostro cane sopravviverà quasi certamente alla vostra auto, alla televisione e al computer, il tempo che trascorrerà con voi vi apparirà terribilmente, tragicamente breve.**

Ciò accade perché, anche se tante persone professano di "amare" la loro auto, la televisione, o il computer, quello che provano per il loro cane è amore vero. Sebbene possa essere configurato per assolvere molte funzioni utili, la sua programmazione più importante è quella che fa di lui un amico e un compagno. Quando si avvicina il tempo del commiato, è probabile che i proprietari di un'unità canina provino grande trepidazione. Eppure, questo è anche il momento in cui possono rendere il più grande servigio a un compagno leale.

Ogni storia è a sé, ma nella maggior parte dei casi un vecchio cane andrebbe mantenuto in vita finché rimane – nei limiti del possibile – in buona salute e senza dover patire dolori insopportabili e cronici. Anche se un animale fosse ormai solo l'ombra di se stesso (rispetto a quando era giovane), di sicuro, più che il diretto interessato, di ciò sarà più turbato il suo amico umano. Nella pur ricchissima programmazione di un'unità canina, non c'è nulla che corrisponda alle emozioni umane del rimpianto e della nostalgia. In altre parole, un cane vecchio non si angustia ripensando ai "bei tempi andati". Vive solo il qui e l'adesso.

È una questione importante, soprattutto se si parla di come gestire i suoi ultimi giorni. Ci sono casi in cui un vecchio cane sceglierà autonomamente il luogo e il tempo della propria disattivazione. Ma, in circostanze in cui il declino delle condizioni fisiche rende inabile il soggetto o gli causa sofferenza, è il proprietario a dover intervenire. Quando è evidente che dolore e disabilità superano il piacere di vivere – e quando non sussistono ragionevoli speranze di recupero – andrebbe presa in considerazione l'eutanasia. Tale procedura non provoca dolore e può essere messa in atto in ambulatorio. A tempo debito, al vostro cane verrà somministrata una dose letale di anestetico che gli causerà immediatamente uno stato di incoscienza, seguito quasi subito dalla morte.

Fare i conti con la disattivazione di un cane che è stato, a lungo, nostro fedele compagno può essere difficile. In alcuni casi, il periodo di dolore può durare quanto quello dovuto alla morte di un essere umano. Non c'è niente di innaturale in questi sentimenti, anzi: esistono addirittura gruppi di sostegno per aiutare a rielaborare il lutto.

State pur certi, comunque, che con il trascorrere del tempo il dolore della perdita passerà e il vuoto sarà colmato da tanti ricordi felici, la migliore garanzia che nulla muore mai del tutto.

# [ Appendice ]

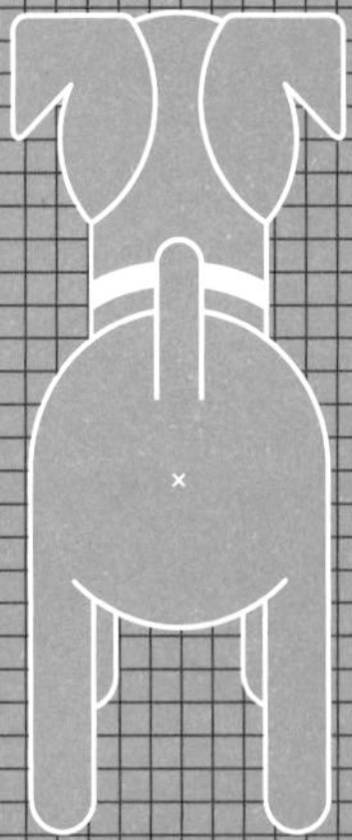

# Risoluzione dei problemi

**Per praticità di consultazione, questa sezione è organizzata in base alle domande più frequenti circa temi, disfunzioni e stranezze comportamentali. Se riscontrate problemi nella vostra unità canina, consultate queste pagine.**

| DISFUNZIONE | CAUSA E SOLUZIONE |
|---|---|
| **Cane che ha inghiottito un corpo estraneo non autorizzato.** | Se l'oggetto è piccolo (delle dimensioni di una biglia), non tossico e liscio, controllate le feci per qualche giorno per vedere se è stato espulso. Diversamente, contattate il veterinario. Per trovare l'oggetto e decidere il da farsi potrebbe rendersi necessaria una lastra. Se invece c'è il rischio che l'oggetto causi ferite interne (perché tagliente, potenzialmente tossico o troppo grosso), contattate subito il veterinario. Potrebbe essere necessario un intervento chirurgico.<br><br>⚠ ***ATTENZIONE*** *Se il cane ingerisce spaghi, fili o cose simili, e ne vedete uscire un capo dall'ano, non cercate di tirarlo fuori: potreste causare danni al retto. Contattate subito il veterinario.* |
| **Cane che odia gli uomini con il cappello, le bambine che indossano abitini eleganti, le donne che hanno una voce stridula o altre categorie umane.** | Alcuni modelli hanno una predisposizione genetica all'essere paurosi, mentre altri possono acquisire un atteggiamento timoroso a causa di esperienze traumatiche avvenute nella prima infanzia. Se, per esempio, un cucciolo è stato spaventato da un uomo con il cappello, quell'episodio può radicarsi così profondamente da fargli temere e odiare per sempre ogni uomo con il cappello. Questa reazione può generalizzarsi fino a fargli odiare tutti gli uomini. La terapia più impiegata è la desensibilizzazione: una graduale esposizione proprio a ciò che il cane teme di più. È un processo lungo, quindi consultate un esperto. |

| DISFUNZIONE | CAUSA E SOLUZIONE |
| --- | --- |
| **Cane che, quando viene lasciato da solo, distrugge mobili o altri oggetti di casa.** | Molte le cause alla base di questo problema piuttosto comune e dalle conseguenze dispendiose. Il cane potrebbe soffrire di una grave forma di ansia da separazione e sfogarsi sui mobili. Potrebbe trattarsi di una frustrazione nei confronti delle barriere, e allora se la prenderà con porte e/o finestre nel tentativo di uscire. Oppure potrebbe essere semplice noia, nel qual caso la distruttività non ha obiettivi precisi. L'ansia da separazione nelle forme più leggere può essere trattata facendo muovere di più il cane (un animale stanco è infinitamente meno distruttivo) o dandogli giocattoli interessanti. In alcuni casi, comunque, questo atteggiamento assume proporzioni abnormi e allora si prospetta la necessità di una terapia farmacologica o dell'intervento di uno specialista. |
| **Cane che è spaventato dai temporali.** | Il primo passo per alleviare questa afflizione molto diffusa è di parlare al cane con un tono calmo e amorevole. La vostra voce rassicurante convincerà l'animale che non c'e niente di cui aver paura. Distraete la sua attenzione dal temporale giocando con lui oppure offrendogli un premio. A volte funziona, ma in altri casi (in quelli estremi, in cui il cane per la paura può arrivare a rompere mobili o a vomitare) potrebbe forse rendersi necessario l'intervento di uno specialista in comportamento animale. |
| **Cane che abbaia tutte le volte che qualcuno parla al telefono.** | Di solito, questo comportamento piuttosto diffuso è dovuto a un semplice equivoco: il cane non capisce che chi è al telefono sta parlando con un altra persona. Dal momento che nella stanza non c'è nessun altro, il cane pensa che la persona si stia rivolgendo a lui e allora risponde. |

| DISFUNZIONE | CAUSA E SOLUZIONE |
| --- | --- |
| **Cane che detesta il postino e lo accoglie abbaiando furiosamente** | I cani molto territoriali sembrano provare un vero e proprio odio nei confronti di questi funzionari pubblici. La ragione è che i postini arrivano ogni giorno più o meno alla stessa ora, si dirigono verso la porta principale e a volte vi fanno scivolare sotto qualcosa: ciò fa scattare il cane nella modalità di difesa del territorio. Come se non bastasse, il postino se ne va subito dopo che il cane ha cominciato ad abbaiare, rinforzando in lui l'idea di aver allontanato l'intruso. Quindi, quella che agli umani sembra un'aggressione priva di senso, agli occhi del cane appare come una strategia efficace. |
| **Cucciolo addestrato alla cuccia che abbaia in continuazione quando vi viene mandato.** | Prima di tutto, assicuratevi che il vostro modello sia stato stancato a sufficienza prima di essere mandato a cuccia, che il giaciglio sia comodo e che ci sia almeno un giocattolo di gomma. Poi, fate una cosa che per molti proprietari è difficile: ignoratelo. Quando sono soli, per loro è naturale abbaiare per avere compagnia e ci vuole tempo perché un cane impari che tale comportamento è inaccettabile. Se cedete, il cucciolo imparerà che, facendo così, attirerà l'attenzione. E se aspettate un pò e poi andate da lui, sarà come insegnargli che abbaiare senza tregua è produttivo. Non accontentatelo mai finché abbaia: prima aspettate che smetta. |
| **Cucciolo che è molto timido con estranei e/o altri cani.** | Certi cani sono timidi per natura, altri lo sono a causa di una brutta esperienza avuta da cuccioli. Organizzate qualche incontro con estranei (al cane, non a voi). L'ospite dovrà comportarsi in maniera molto amichevole e fare le feste al cane, che dovrà essere elogiato anche al minimo segno di miglioramento. Ripetere l'esercizio rafforzerà in lui l'idea che conoscere persone e animali nuovi non è poi così terribile. |

| DISFUNZIONE | CAUSA E SOLUZIONE |
| --- | --- |
| **Cane che si dimostra molto aggressivo nei confronti di altri cani.** | Alcune razze hanno una predisposizione genetica all'aggressività nei confronti di altri cani. Gran parte delle razze da guardia non gioca con i propri simili e i Terrier sono noti per la loro asocialità. Se la vostra unità si caccia in situazioni in cui incontra altri cani, tocca a voi tenerla sotto controllo grazie a un attento allenamento all'obbedienza e all'uso del guinzaglio. Se diventa aggressiva soltanto con altre unità che si aggirano nei paraggi di casa o che, forse, ne attraversano il cortile, allora la causa di tanta belligeranza può essere un senso di territorialità molto sviluppato. Un cane così dovrebbe essere capace di relazionarsi ad altre unità su un territorio neutrale (marciapiedi, parco) senza difficoltà. |
| **Cane che scava buche in giardino.** | Si tratta di un problema comune tra unità da esterno che si annoiano: quest'attività può essere fermata trasformando il vostro modello in un cane da compagnia. Un'altra possibilità è destinare una certa area del giardino alle attività di scavo, cercando di confinarle lì. Nascondete sottoterra giocattoli e premi, poi, quando il cane comincia a scavare, fate in modo che cerchi proprio in quel settore. Per evitare che scavi da altre parti, raccogliete delle feci e depositatele nelle buche già scavate, poi copritele con un po' di immondizia: saranno una spiacevole sorpresa per la vostra unità – e forse un incentivo a cambiare registro – quando cercherà di riprendere il comportamento. Per evitare che il cane torni a scavare dappertutto sarà sempre necessaria la vostra supervisione. Tale attività può essere particolarmente radicata tra i Terrier e i loro incroci: questa razza fu selezionata per scavare e inseguire piccoli animali fino nelle loro tane sotterranee (Terrier significa "da tana"). |

| DISFUNZIONE | CAUSA E SOLUZIONE |
| --- | --- |
| **Cane che dopo mangiato, si pulisce il muso sul tappeto.** | Si tratta di una reminiscenza del sistema operativo del lupo. Dopo aver sbranato la preda, i lupi di regola strusciano il muso sul terreno per rimuovere sangue e resti. Per quanto, di solito, il suo pasto sia assai meno sanguinolento, il cane domestico fa esattamente lo stesso. |
| **Cane che salta in braccio al proprietario, ai familiari e/o a ospiti.** | Nella maggior parte dei casi, è una forma di saluto un pò troppo esuberante. Correggete la vostra unità non sgridandola o colpendola, ma semplicemente ignorando il suo comportamento. Non abbiate alcun tipo di reazione: limitatevi a scostarvi, così che il cane non possa procedere. Nella maggior parte dei casi, lascerà perdere. Un'alternativa è quella di dargli il comando vocale "seduto!" quando sembra sul punto di saltare. |
| **Cane che accoglie gli ospiti con una strana espressione, simile a un ringhio.** | La maggior parte dei canidi sa produrre un "sorriso", una combinazione di saluto e sottomissione. Un cane ansioso di salutare qualcuno sfodererà il suo "sorriso" migliore, scoprendo i denti (un'espressione che potrebbe intimidire chiunque non sappia decifrarla con esattezza).<br><br>⚠ ***ATTENZIONE*** *Se vi imbattete in un cane sconosciuto che vi "sorride", fino a prova contraria partite dal presupposto che sia ostile.* |
| **Cane che finge di "montare" persone e oggetti.** | In molti casi, l'atto di mimare la monta è un'affermazione di dominanza e non è necessariamente compiuto a scopi sessuali. Appena il vostro cane comincia a "montare", scostatelo. Unità giovani – maschi e femmine – montano oggetti per alleviare la frustrazione sessuale. |

| DISFUNZIONE | CAUSA E SOLUZIONE |
| --- | --- |
| **Cane che insegue auto, gente che corre, ciclisti e ogni altro oggetto che si muova velocemente.** | La vista di oggetti in movimento attiverà tratti residuali del sistema operativo del lupo (inerenti la fase dell'inseguimento della preda). Il modo migliore per evitare una condotta di questo tipo è tenere il cane in casa, all'interno di un giardino recintato, o al guinzaglio. Tutti i cani adottano questo protocollo d'inseguimento, ma in alcuni modelli la sua attivazione è pressoché inarrestabile. Greyhound e Cairn Terrier, tra gli altri, sono così inclini all'inseguimento che, per nessuna ragione, possono essere lasciati senza guinzaglio in luoghi pubblici.<br><br>⚠ ***LA PAROLA ALL'ESPERTO*** *Se mai foste rincorsi da un cane, la tattica migliore è fermarsi, girarsi e affrontarlo. Molti modelli sono espressamente configurati per la fase dell'inseguimento: la rimozione dello stimolo può far sì che queste unità si resettino automaticamente.* |
| **Cane che bruca.** | È un comportamento normale quanto il consumo di lattuga lo è negli umani. Sembra che i canidi abbiano bisogno di fibre vegetali, sebbene l'apporto nutritivo che ne traggono sia scarso. In casi rari, i cani che soffrono di nausea mangiano grandi quantità di erba per indurre il vomito. |
| **Cane che mangia le proprie feci.** | Questo comportamento, noto come coprofagia, si osserva più spesso nei cuccioli o nei cani a dieta: entrambi cercano nelle particelle delle feci un maggior apporto calorico. Esistono prodotti che possono essere messi nel cibo e che conferiscono alle feci un sapore amaro. Altrimenti, cospargete le feci di salsa di peperoncino piccante (... meglio farlo con il favore delle tenebre, per non attirare troppo l'attenzione dei vicini). |

| DISFUNZIONE | CAUSA E SOLUZIONE |
|---|---|
| **Cane che strofina il posteriore contro il terreno.** | Tale atto di solito è dovuto a un'irritazione dell'area perianale, spesso causata da problemi ghiandolari. (Si veda "Manutenzione esterna", p. 129.) Tra le altre possibili cause ci sono reazioni allergiche e, in qualche caso, tenie. |
| **Cane che sbava eccessivamente.** | Molti modelli canini sbavano. In realtà, il San Bernardo e i mastini sono addirittura famosi – forse *tristemente* famosi – per la salivazione eccessiva, fenomeno che può aumentare dopo uno sforzo fisico. Non ci si può fare niente; alcuni proprietari, però, quando escono per portare a spasso il cane, si muniscono di una montagna di fazzolettini di carta per poterlo rendere presentabile.<br><br>⚠ ***ATTENZIONE*** *Se un cane che di norma non sbava all'improvviso comincia a farlo, osservate il fenomeno con attenzione e, se non cessa nel giro di poco tempo, contattate il veterinario. Potrebbe essere sintomo di problemi dentali, nausea o del fatto che ha ingerito sostanze tossiche.* |
| **Cane che accoglie urinando visitatori e anche membri della cerchia familiare.** | Tra i canidi, il rilascio di piccole (a volte non tanto piccole) quantità di urina è un normale gesto di sottomissione. Inoltre, cani con una vescica debole che venga sovrastimolata (spesso dall'arrivo di qualcuno) possono avere disturbi all'apparato urinario. Tralasciando il problema medico, l'approccio migliore è ridurre al minimo arrivi e partenze di visitatori e familiari. Rientrando dal lavoro, per esempio, evitate feste eccessive. Un saluto distratto permetterà al cane di adattarsi alla nuova situazione e di ricevere in un secondo tempo un saluto più affettuoso. Chiedete a tutti i vostri ospiti di fare lo stesso. |

| DISFUNZIONE | CAUSA E SOLUZIONE |
|---|---|
| **Cane che solleva la zampa per urinare.** | Un comportamento comune che può lasciare perplesso un padrone neofita. Non appena raggiunta la maturità sessuale, i maschi spesso urinano per marcare i confini di quello che percepiscono come il loro territorio. (Si veda "Abitudini igieniche", p. 84.) Per apparire più grossi e minacciosi, alzano la zampa in modo che il getto di urina sia il più alto possibile. Più alta è la marcatura – è questo il ragionamento di chi la sta lasciando – più grosso è il cane. A volte anche le femmine assumono tale comportamento. I maschi castrati prima della maturità sessuale non lo fanno mai. |
| **Cane adulto abituato a stare in casa che comincia a urinare nelle stanze.** | I cani, in particolar modo i maschi, segnano i confini del territorio con l'urina. Sfortunatamente a volte lo fanno dentro casa. Una volta che un cane ha marcato un determinato punto, è possibile che continui a ritornarvi, guidato e stimolato dall'odore delle sue precedenti visite. È importante pulire queste zone con prodotti che eliminino completamente l'odore (reperibili nei negozi di animali). Se il vostro modello non è stato castrato, rivolgetevi a un veterinario perché proceda al più presto con l'operazione. Poi osservate con attenzione il cane nel corso delle sue ispezioni domestiche: se lo sorprendete mentre cerca di urinare in uno dei suoi punti prediletti, portatelo immediatamente fuori. Rifatelo finché non avrà capito il nuovo protocollo.<br><br>⚠ ***ATTENZIONE*** *L'urinazione accidentale dentro casa può anche essere sintomo di malattie. Si veda p. 165.* |

| DISFUNZIONE | CAUSA E SOLUZIONE |
|---|---|
| **Cane che ha il mantello opaco.** | Se non ci sono problemi medici, la causa potrebbe essere una dieta inappropriata. Certi cibi, soprattutto quelli preparati in casa, potrebbero non fornire un apporto bilanciato di vitamine, minerali e/o grassi essenziali. Passare a cibi di qualità migliore e più facilmente digeribili può essere la soluzione. |
| **Cane che emette una serie di suoni simili a conati o sbuffi che durano dai 30 ai 60 secondi.** | Questo fenomeno (che ricorda quello dello starnuto) consiste in una serie di brevi e spasmodiche inspirazioni dovute a un'irritazione della faringe. I casi più gravi vanno trattati farmacologicamente, ma di solito si tratta di un problema non più grave di un comune raffreddore. |
| **Cane che non mostra alcun interesse nei confronti vostri, o della vostra famiglia, si rifiuta di svolgere qualunque mansione utile e dà segni di un'intelligenza ben al di sotto della media.** | Rivolgetevi al veterinario: potreste avere accidentalmente adottato un gatto. |

# Indirizzi utili

**Le seguenti organizzazioni offono informazioni e/o servizi utili agli amanti dei cani.**

**AICA**
**(Associazione Italiana Cani Amici )**
**Viale S. Francesco, 55/1 - 41049 Sassuolo (MO)**
**www.associazioneaica.it**
L'attività di volontariato dell'associazione si ispira ai principi della "pet therapy" ed è rivolta alle strutture residenziali e ai centri diurni che ospitano utenti portatori di handicap, anziani, o persone affette da disturbi psicologici cui è proposto l'intervento come supporto "non convenzionale" alle terapie ufficiali, oltre che alla riabilitazione fisica vera e propria.

**Akela**
**Akela www.akela.it**
**BitLevel srl. Viale Vittorio Veneto, 10 - 20124 Milano**
Akela in Italia è tra i siti leader in materia di cani e gatti (che vivono in perfetta armonia sotto questo tetto virtuale). Vi si trovano informazioni utili e suggerimenti su alimentazione, salute, schede sulle razze, forum e, soprattutto, la possibilità di inserire in tempo reale appelli urgenti, con un database sempre aggiornato dedicato agli animali smarriti o in çerca di una famiglia adottiva.

**Ciaopet**
**www.ciaopet.com**
**info@ciaopet.com**
Un ottimo sito dedicato agli animali domestici (compresi uccellini, pesci ecc.) che offre informazioni dettagliate e rigorose. Gli appassionati dei cani potranno trovare risposte ai loro dubbi o soddisfare ogni loro curiosità; tra le altre cose, vi sono sintetici "identikit" di tutte le razze canine riconosciute dalla FCI.

**ENCI**
**(Ente Nazionale Cinofilia Italiana)**
**Viale Corsica, 20 - 20137 Milano**
**www.enci.it**
Fondato nel 1882, è membro federato della FCI. I soci allevatori dell'ENCI sono circa 2.000 e i soci aggregati circa 100.000. L'ENCI riserva particolare attenzione alla valorizzazione e promozione delle razze italiane. Si tratta di 14 razze autoctone di antica origine.
La selezione e il loro miglioramento sono tra le priorità dell'ENCI, che mira a favorirne la conoscenza e la diffusione in Italia e all'estero.

**(FCI) Fédération Cynologique Internationale**
**Place Albert 1er, 13 B-6530 Thuin Belgio**
**www.fci.be**
La più importante organizzazione cinofila del mondo. Detta letteralmente legge in materia di standard di razza e pedigree. La casa madre ha sede in Belgio ma la FCI è presente in quasi tutti i Paesi.

**LAV Lega Anti vivisezione**
**lav@infolav.org**
La LAV è membro italiano di "EAR - Europe for Animal Rights" e della Coalizione Europea contro la Vivisezione. Contando sulla forza di 85 sedi locali, l'impegno di centinaia di volontari e il sostegno di migliaia di soci, la LAV conduce

campagne di sensibilizzazione, interviene direttamente per la tutela degli animali e promuove azioni legali in caso di maltrattamento.

**Lega Nazionale per la Difesa del Cane**
**Via Fratelli Calvi, 2**
**– 24100 Bergamo**
**www.legadelcane.org**
**e-mailinfo@legadelcane.org**
Membro della WSPA (World Society for the Protection of Animals). Tra le molte associazioni che lottano per difendere i diritti degli animali, è senz'altro tra le più "combattive".

Costituita da un folto gruppo di soci sostenitori organizza campagne in difesa della vita e, soprattutto, della dignità, del cane.

**SOS-Randagi**
**Associazione Animalista di Volontariato Milanese**
**www.sos-randagi.org**
Nata a Milano nel 1992, è un'associazione no profit finalizzata al recupero e alla adozione (anche a distanza) di mici trovatelli. Mira anche a sensibilizzare l'opinione pubblica sul problema dell'abbandono e del randagismo.

# Glossario

- **Allergene** Sostanza che può provocare una reazione allergica.

- **Allergia** Un'ipersensibilità nel sistema immunitario. I sintomi possono variare da lievi irritazioni cutanee a disturbi gastrointestinali fino a una reazione violenta, nota come choc anafilattico.

- **Anestro** Indica la cosiddetta fase di "riposo" sessuale (non fertile) tra i cicli di estro delle femmine.

- **Calore (estro)** Periodo durante il quale la femmina è disposta ("ricettiva") all'accoppiamento.

- **Castrazione** Sterilizzazione di un animale maschio ottenuta tramite asportazione chirurgica dei testicoli.

- **Conformità** Il principale criterio di valutazione su cui si basano i "punteggi" dei concorsi canini. I partecipanti devono adeguarsi il più possibile ai dettami dello "standard" della razza stabiliti dagli enti cinofili ufficiali.

- **Displasia** Nei cani, tale patologia a carattere ereditario colpisce soprattutto l'anca, provocando un cattivo abbinamento tra la testa del femore e la cavità dell'anca stessa.

■ **Focato:** Di mantello nero o marrone con aree color fulvo.

■ **Garrese:** Punto d'incontro tra le scapole e l'attaccatura del collo. È il punto in base al quale si misura l'altezza dei cani (ma anche dei cavalli e dei bovini).

■ **Ghiandole anali:** Piccole sacche poste ai due lati dell'ano, secernono un liquido dall'odore pungente che funge da marcatura territoriale (e riconoscimento reciproco).

■ **Lipoma:** Tumore cutaneo benigno che colpisce soprattutto gli esemplari anziani.

■ **Muso:** Composto dagli elementi "sporgenti" della testa, tra cui bocca, naso e mandibole. Talvolta questa parte del corpo viene bloccata/coperta per evitare che l'animale mangi e/o morda qualcosa.

■ **Mozzatura:** Amputazione parziale della coda e/o delle orecchie di un cane (per adeguarsi a determinati canoni estetici).

■ **Parassita:** Forma di vita esterna o interna che si serve di altri animalli come ospiti. Tra i numerosi parassiti che possono aggredire il cane rientrano filarie, pulci, zecche, acari.

■ **Pedigree:** Registrazione scritta dell'albero genealogico di un esemplare di razza pura.

■ **Razza:** Complesso di individui che presentano le stesse caratteristiche fisiche/mentali (ottenute tramite allevamento selettivo).

■ **Sperone:** Presente solo in alcune razze, è una quinta unghia non funzionale posta sulla parte posteriore del piede. Spesso viene asportata chirurgicamente nei cuccioli.

■ **Stella:** Striscia bianca verticale al centro del muso.

■ **Sterilizzazione:** Rimozione chirurgica dell'utero (tramite isterectomia).

■ **Stripping:** Nella terminologia tecnica indica un particolare intervento di toelettatura mediante epilazione. È praticato esclusivamente su esemplari di determinate razze (come Schnauzer, Terrier e Spaniel).

■ **Tartufo:** Indica la parte teminale del naso, solitamente nera, ma – in rapporto al colore del manto – può presentarsi anche marrone, fegato ecc.

# Indice analitico

# DIPLOMA DI PROPRIETARIO

Complimenti! Ora che avete completato la lettura e lo studio del presente manuale, siete abilitati al ruolo di proprietari del vostro nuovo cane. Con le cure e le attenzioni appropriate, la vostra unità canina saprà ricompensarvi con molti anni di felicità e compagnia. Buon divertimento!

____________________
Nome del proprietario

____________________
Nome del modello

____________________
Data di acquisto del modello

____________________
Razza (se di sangue puro)

____________________
Sesso del modello

____________________
Colore del mantello

## Notizia sugli autori

DAVID BRUNNER è un veterinario che ha alle spalle un'esperienza di 25 anni. Da 22, lavora alla Broad Ripple Animal Clinic di Indianapolis, come specialista in animali domestici (cani e gatti). Ha due figlie, Molly e Kendell, e due Labrador Retriever neri, Lucy e Noel, che tutti i giorni lo accompagnano al lavoro. Ha scritto anche Il *gatto, manuale d'istruzioni*, pubblicato in Italia da Kowalski Editore.

SAM STALL è coautore di *As Seen On TV: 50 Amazing Products and the Commercials That Made Them Famous* e *Dirty Words of Wisdom*. A quattro mani con David Brunner ha scritto, oltre al presente volumetto, anche *Il gatto, manuale d'istruzioni.* Vive a Indianapolis con Tippy, Katie e Gracie (tre Terrier di razza non proprio purissima), sua moglie Jami (che di sangue Terrier non ha neppure una goccia) e un gatto di nome Ted.

## Notizia sugli illustratori

PAUL KEPPLE e JUDE BUFFUM sono meglio noti come l'HEADCASE DESIGN, uno studio grafico con sede a Philadelphia. Loro lavori sono apparsi in parecchie riviste di settore, come *American Illustration, Communication Arts*, e *Print*. Paul, prima di aprire la Headcase nel 1998, ha lavorato per molti anni presso la casa editrice americana Running Press. Si sono diplomati entrambi alla Tyler School of Art, dove ora insegnano. Proprio mentre lavorava alle illustrazioni per questo libro, Jude ha adottato Huxley, un Boston Terrier che, almeno finora, è stato programmato per sedersi, stare fermo, mettersi a pancia in su e preparare ottimi cocktail. Il cane di Paul, un Jack Russell – o, almeno, così lui si spaccia –, si chiama Crackers e ultimamente è stato visto corteggiare un paio di scarpe da ginnastica.

Nella stessa collana:
*Il gatto, manuale d'istruzioni*